AZERBEIDZJAANSE WOORDENSCHAT
nieuwe woorden leren

T&P Books woordenlijsten zijn bedoeld om u te helpen vreemde woorden te leren, te onthouden, en te bestuderen. De woordenschat bevat meer dan 3000 veel gebruikte woorden die thematisch geordend zijn.

- De woordenlijst bevat de meest gebruikte woorden
- Aanbevolen als aanvulling bij welke taalcursus dan ook
- Voldoet aan de behoeften van de beginnende en gevorderde student in vreemde talen
- Geschikt voor dagelijks gebruik, bestudering en zelftestactiviteiten
- Maakt het mogelijk om uw woordenschat te evalueren

Bijzondere kenmerken van de woordenschat

- De woorden zijn gerangschikt naar hun betekenis, niet volgens alfabet
- De woorden worden weergegeven in drie kolommen om bestudering en zelftesten te vergemakkelijken
- Woorden in groepen worden verdeeld in kleine blokken om het leerproces te vergemakkelijken
- De woordenschat biedt een handige en eenvoudige beschrijving van elk buitenlands woord

De woordenschat bevat 101 onderwerpen zoals:

Basisconcepten, getallen, kleuren, maanden, seizoenen, meeteenheden, kleding en accessoires, eten & voeding, restaurant, familieleden, verwanten, karakter, gevoelens, emoties, ziekten, stad, dorp, bezienswaardigheden, winkelen, geld, huis, thuis, kantoor, werken op kantoor, import & export, marketing, werk zoeken, sport, onderwijs, computer, internet, gereedschap, natuur, landen, nationaliteiten en meer ...

INHOUDSOPGAVE

UITSPRAAKGIDS

Letter	Azerbeidzjaans voorbeeld	T&P fonetisch alfabet	Nederlands voorbeeld
A a	stabil	[a]	acht
B b	boksçu	[b]	hebben
C c	Ceyran	[ʤ]	jeans, jungle
Ç ç	Çay	[ʧ]	Tsjechië, cello
D d	daraq	[d]	Dank u, honderd
E e	fevral	[e]	delen, spreken
Ə ə	Əncir	[æ]	Nederlands Nedersaksisch - dät, Engels - cat
F f	fokus	[f]	feestdag, informeren
G g	giriş	[g]	goal, tango
Ğ ğ	Çağırmaq	[ɣ]	liegen, gaan
H h	həkim	[h]	het, herhalen
X x	Xanım	[h]	het, herhalen
I ı	Qarı	[ı]	iemand, die
İ i	dimdik	[i]	bidden, tint
J j	Janr	[ʒ]	journalist, rouge
K k	kaktus	[k]	kilogram, bankier
Q q	Qravüra	[g]	goal, tango
L l	liman	[l]	delen, luchter
M m	mavi	[m]	morgen, etmaal
N n	nömrə	[n]	nemen, zonder
O o	okean	[o]	overeenkomst
Ö ö	Göbələk	[ø]	neus, beu
P p	parça	[p]	parallel, koper
R r	rəng	[r]	roepen, breken
S s	sap	[s]	spreken, kosten
Ş ş	Şair	[ʃ]	shampoo, machine
T t	tarix	[t]	tomaat, taart
U u	susmaq	[u]	hoed, doe
Ü ü	Ümid	[y]	fuut, uur
V v	varlı	[v]	beloven, schrijven
Y y	Yaponiya	[j]	New York, januari
Z z	zarafat	[z]	zeven, Engels - there

AFKORTINGEN
gebruikt in de woordenschat

Nederlandse afkortingen

abn	-	als bijvoeglijk naamwoord
bijv.	-	bijvoorbeeld
bn	-	bijvoeglijk naamwoord
bw	-	bijwoord
enk.	-	enkelvoud
enz.	-	enzovoort
form.	-	formele taal
inform.	-	informele taal
mann.	-	mannelijk
mil.	-	militair
mv.	-	meervoud
on.ww.	-	onovergankelijk werkwoord
ontelb.	-	ontelbaar
ov.	-	over
ov.ww.	-	overgankelijk werkwoord
telb.	-	telbaar
vn	-	voornaamwoord
vrouw.	-	vrouwelijk
vw	-	voegwoord
vz	-	voorzetsel
wisk.	-	wiskunde
ww	-	werkwoord

Nederlandse artikelen

de	-	gemeenschappelijk geslacht
de/het	-	gemeenschappelijk geslacht, onzijdig
het	-	onzijdig

9

BASISBEGRIPPEN

1. Voornaamwoorden

ik	mən	['mæn]
jij, je	sən	['sæn]
hij, zij, het	o	['o]
wij, we	biz	['biz]
jullie	siz	['siz]
zij, ze	onlar	[on'lar]

2. Begroetingen. Begroetingen

Hallo! Dag!	Salam!	[sa'lam]
Hallo!	Salam!	[sa'lam]
Goedemorgen!	Sabahın xeyir!	[saba'hın χε'jır]
Goedemiddag!	Günortan xeyir!	[gynor'tan χε'jır]
Goedenavond!	Axşamın xeyir!	[aχʃa'mın χε'jır]
gedag zeggen (groeten)	salamlaşmaq	[salamlaʃ'mah]
Hoi!	Salam!	[sa'lam]
groeten (het)	salam	[sa'lam]
verwelkomen (ww)	salamlamaq	[salamla'mah]
Hoe gaat het?	Necəsən?	[nɛ'dʒ⃓æsæn]
Is er nog nieuws?	Nə yenilik var?	['næ ɛni'lik 'var]
Dag! Tot ziens!	Xudahafiz!	[χudaha'fiz]
Tot snel! Tot ziens!	Tezliklə görüşənədək!	[tɛz'liklæ gøryʃæ'nædæk]
Vaarwel! (inform.)	Sağlıqla qal!	[sa'ɣlıgla 'gal]
Vaarwel! (form.)	Sağlıqla qalın!	[sa'ɣlıgla 'galın]
afscheid nemen (ww)	vidalaşmaq	[vidalaʃ'mah]
Tot kijk!	Hələlik!	[hælæ'lik]
Dank u!	Sağ ol!	['saɣ 'ol]
Dank u wel!	Çox sağ ol!	['tʃoχ 'saɣ 'ol]
Graag gedaan	Buyurun	['buyrun]
Geen dank!	Dəymez	[dæj'mæz]
Geen moeite.	Bir şey deyil	['bir 'ʃæj 'dɛjıl]
Excuseer me, … (inform.)	Bağışla!	[baɣıʃ'la]
Excuseer me, … (form.)	Bağışlayın!	[baɣıʃ'lajın]
excuseren (verontschuldigen)	Bağışlamaq	[baɣıʃla'mah]
zich verontschuldigen	üzr istəmək	['juzr istæ'mæk]
Mijn excuses.	Üzrümü qəbul et	[yzry'my gæ'bul 'ɛt]
Het spijt me!	Bağışlayın!	[baɣıʃ'lajın]
vergeven (ww)	bağışlamaq	[baɣıʃla'mah]

alsjeblieft	rica edirəm	[ri'ʤⁱa ɛ'diræm]
Vergeet het niet!	Unutmayın!	[u'nutmajın]
Natuurlijk!	Əlbəttə!	[æl'battæ]
Natuurlijk niet!	Əlbəttə yox!	[æl'battæ 'joχ]
Akkoord!	Razıyam!	[ra'zıjam]
Zo is het genoeg!	Bəsti!	['bæsti]

3. Vragen

Wie?	Kim?	['kim]
Wat?	Nə?	['næ]
Waar?	Harada?	['harada]
Waarheen?	Haraya?	['haraja]
Waar ... vandaan?	Haradan?	['haradan]
Wanneer?	Nə zaman?	['næ za'man]
Waarom?	Niyə?	[ni'jæ]
Waarom?	Nə üçün?	['næ ju'tʃun]
Waarvoor dan ook?	Nədən ötrü?	[næ'dæn øt'ry]
Hoe?	Necə?	[nɛ'ʤⁱæ]
Wat voor ...?	Nə cür?	['næ 'ʤyr]
Welk?	Hansı?	[han'sı]
Aan wie?	Kimə?	[ki'mæ]
Over wie?	Kimdən?	[kim'dæn]
Waarover?	Nədən?	[næ'dæn]
Met wie?	Kiminlə?	[ki'minlæ]
Hoeveel? (telb.)	Neçə?	[nɛ'tʃæ]
Van wie? (mann.)	Kimin?	[ki'min]

4. Voorzetsels

met (bijv. ~ beleg)	ilə	[i'læ]
zonder (~ accent)	... sız	[... sız]
naar (in de richting van)	da	['da]
over (praten ~)	haqqında	[hakkın'da]
voor (in tijd)	qabaq	[ga'bah]
voor (aan de voorkant)	qarşısında	[garʃısın'da]
onder (lager dan)	altında	[altın'da]
boven (hoger dan)	üstündə	[ystyn'dæ]
op (bovenop)	üzərində	[yzærin'dæ]
van (uit, afkomstig van)	... dan	[... dan]
van (gemaakt van)	... dan	[... dan]
over (bijv. ~ een uur)	sonra	[son'ra]
over (over de bovenkant)	üstündən	[ystyn'dæn]

5. Functiewoorden. Bijwoorden. Deel 1

Waar?	Harada?	['harada]
hier (bw)	burada	['burada]
daar (bw)	orada	['orada]

ergens (bw)	harada isə	['harada isɛ]
nergens (bw)	heç bir yerdə	['hɛtʃ 'bir ɛr'dæ]

bij ... (in de buurt)	yanında	[janın'da]
bij het raam	pəncərənin yanında	[pændʒ¹æræ'nin janın'da]

Waarheen?	Haraya?	['haraja]
hierheen (bw)	buraya	['buraja]
daarheen (bw)	oraya	['oraja]
hiervandaan (bw)	buradan	['buradan]
daarvandaan (bw)	oradan	['oradan]

dichtbij (bw)	yaxın	[ja'χın]
ver (bw)	uzaq	[u'zah]

in de buurt (van ...)	yanaşı	[jana'ʃı]
vlakbij (bw)	yaxında	[jaχın'da]
niet ver (bw)	yaxında	[jaχın'da]

linker (bn)	sol	['sol]
links (bw)	soldan	[sol'dan]
linksaf, naar links (bw)	sola	[so'la]

rechter (bn)	sağ	['saɣ]
rechts (bw)	sağdan	[sa'ɣdan]
rechtsaf, naar rechts (bw)	sağa	[sa'ɣa]

vooraan (bw)	qabaqdan	[gabag'dan]
voorste (bn)	qabaq	[ga'bah]
vooruit (bw)	irəli	[iræ'li]

achter (bw)	arxada	[arχa'da]
van achteren (bw)	arxadan	[arχa'dan]
achteruit (naar achteren)	arxaya	[arχa'ja]

midden (het)	orta	[or'ta]
in het midden (bw)	ortada	[orta'da]

opzij (bw)	qıraqdan	[gırag'dan]
overal (bw)	hər yerdə	['hær ɛr'dæ]
omheen (bw)	ətrafında	[ætrafın'da]

binnenuit (bw)	içəridən	[itʃæri'dæn]
naar ergens (bw)	haraya isə	['haraja i'sæ]
rechtdoor (bw)	düzünə	[dyzy'næ]
terug (bijv. ~ komen)	geriyə	[gɛri'jæ]
ergens vandaan (bw)	haradan olsa	['haradan ol'sa]
ergens vandaan (en dit geld moet ~ komen)	haradansa	['haradansa]

ten eerste (bw)	birincisi	[birindʒ'i'si]
ten tweede (bw)	ikincisi	[ikintʃi'si]
ten derde (bw)	üçüncüsü	[ytʃ'undʒ'u'sy]

plotseling (bw)	qəflətən	['gæflætæn]
in het begin (bw)	başlanqıcda	[baʃlangıdʒ'da]
voor de eerste keer (bw)	birinci dəfə	[birin'dʒ'i dæ'fæ]
lang voor … (bw)	xeyli əvvəl	['χɛjli æv'væl]
opnieuw (bw)	yenidən	[ɛni'dæn]
voor eeuwig (bw)	həmişəlik	[hæmiʃæ'lik]

nooit (bw)	heç bir zaman	['hɛtʃ 'bir za'man]
weer (bw)	yenə	['ɛnæ]
nu (bw)	indi	[in'di]
vaak (bw)	tez-tez	['tɛz 'tɛz]
toen (bw)	onda	[on'da]
urgent (bw)	təcili	[tædʒ'i'li]
meestal (bw)	adətən	['adætæn]

trouwens, … (tussen haakjes)	yeri gəlmişkən	[ɛ'ri gæl'miʃkæn]
mogelijk (bw)	ola bilsin	[o'la bil'sin]
waarschijnlijk (bw)	ehtimal ki	[ɛhti'mal 'ki]
misschien (bw)	ola bilər	[o'la bi'lær]
trouwens (bw)	bundan başqa …	[bun'dan baʃ'ga …]
daarom …	buna görə	[bu'na gø'ræ]
in weerwil van …	baxmayaraq ki …	['baχmajarah ki …]
dankzij …	sayəsində …	[sajæsin'dæ …]

wat (vn)	nə	['næ]
dat (vw)	ki	['ki]
iets (vn)	nə isə	['næ i'sæ]
iets	bir şey	['bir 'ʃɛj]
niets (vn)	heç bir şey	['hɛtʃ 'bir 'ʃæj]

wie (~ is daar?)	kim	['kim]
iemand (een onbekende)	kim isə	['kim i'sæ]
iemand (een bepaald persoon)	birisi	[biri'si]

niemand (vn)	heç kim	['hɛtʃ kim]
nergens (bw)	heç bir yerə	['hɛtʃ 'bir ɛ'ræ]
niemands (bn)	heç kimin	['hɛtʃ ki'min]
iemands (bn)	kiminsə	[ki'minsæ]

zo (Ik ben ~ blij)	belə	[bɛ'læ]
ook (evenals)	habelə	['habɛlæ]
alsook (eveneens)	həmçinin	['hæmtʃinin]

6. Functiewoorden. Bijwoorden. Deel 2

Waarom?	Nə üçün?	['næ ju'tʃun]
om een bepaalde reden	nədənsə	[næ'dænsæ]
omdat …	ona görə ki	[o'na gø'ræ 'ki]

voor een bepaald doel	nə səbəbə isə	['næ sæbæ'bæ i'sæ]
en (vw)	və	['væ]
of (vw)	yaxud	['jaχud]
maar (vw)	amma	['amma]
voor (vz)	üçün	[y'ʧun]
te (~ veel mensen)	həddindən artıq	[hæddin'dæn ar'tıh]
alleen (bw)	yalnız	['jalnız]
precies (bw)	dəqiq	[dæ'gih]
ongeveer (~ 10 kg)	təqribən	[tæg'ribæn]
omstreeks (bw)	təxminən	[tæχ'minæn]
bij benadering (bn)	təxmini	[tæχmi'ni]
bijna (bw)	demək olar ki	[dɛ'mæk o'lar 'ki]
rest (de)	qalanı	[gala'nı]
elk (bn)	hər bir	['hær 'bir]
om het even welk	hansı olursa olsun	[han'sı o'lʲursa ol'sun]
veel (grote hoeveelheid)	çox	['ʧoχ]
veel mensen	çoxları	[ʧoχla'rı]
iedereen (alle personen)	hamısı	['hamısı]
in ruil voor …	bunun əvəzində	[bu'nun ævæzin'dæ]
in ruil (bw)	əvəzində	[ævæzin'dæ]
met de hand (bw)	əl ilə	['æl i'læ]
onwaarschijnlijk (bw)	çətin ola bilsin	[ʧæ'tin o'la bil'sin]
waarschijnlijk (bw)	guman ki	[gy'man 'ki]
met opzet (bw)	bilərək	[bi'læræk]
toevallig (bw)	təsadüfən	[tæ'sadyfæn]
zeer (bw)	çox	['ʧoχ]
bijvoorbeeld (bw)	məsələn	['mæsælæn]
tussen (~ twee steden)	arasında	[arasın'da]
tussen (te midden van)	ortasında	[ortasın'da]
zoveel (bw)	bu qədər	['bu gæ'dær]
vooral (bw)	xüsusilə	[χysu'silæ]

GETALLEN. DIVERSEN

7. Kardinale getallen. Deel 1

nul	sıfır	['sıfır]
een	bir	['bir]
twee	iki	[i'ki]
drie	üç	['ytʃ]
vier	dörd	['dørd]

vijf	beş	['bɛʃ]
zes	altı	[al'tı]
zeven	yeddi	[ɛd'di]
acht	səkkiz	[sæk'kiz]
negen	doqquz	[dok'kuz]

tien	on	['on]
elf	on bir	['on 'bir]
twaalf	on iki	['on i'ki]
dertien	on üç	['on 'jutʃ]
veertien	on dörd	['on 'dørd]

vijftien	on beş	['on 'bɛʃ]
zestien	on altı	['on al'tı]
zeventien	on yeddi	['on ɛd'di]
achttien	on səkkiz	['on sæk'kiz]
negentien	on doqquz	['on dok'kuz]

twintig	iyirmi	[ijır'mi]
eenentwintig	iyirmi bir	[ijır'mi 'bir]
tweeëntwintig	iyirmi iki	[ijır'mi i'ki]
drieëntwintig	iyirmi üç	[ijır'mi 'jutʃ]

dertig	otuz	[o'tuz]
eenendertig	otuz bir	[o'tuz 'bir]
tweeëndertig	otuz iki	[o'tuz i'ki]
drieëndertig	otuz üç	[o'tuz 'jutʃ]

veertig	qırx	['gırχ]
eenenveertig	qırx bir	['gırχ 'bir]
tweeënveertig	qırx iki	['gırχ i'ki]
drieënveertig	qırx üç	['gırχ 'jutʃ]

vijftig	əlli	[æl'li]
eenenvijftig	əlli bir	[æl'li 'bir]
tweeënvijftig	əlli iki	[æl'li i'ki]
drieënvijftig	əlli üç	[æl'li 'jutʃ]

zestig	altmış	[alt'mıʃ]
eenenzestig	altmış bir	[alt'mıʃ 'bir]

15

| tweeënzestig | altmış iki | [alt'mıʃ i'ki] |
| drieënzestig | altmış üç | [alt'mıʃ 'juʧ] |

zeventig	yetmiş	[ɛt'miʃ]
eenenzeventig	yetmiş bir	[ɛt'miʃ 'bir]
tweeënzeventig	yetmiş iki	[ɛt'miʃ i'ki]
drieënzeventig	yetmiş üç	[ɛt'miʃ 'juʧ]

tachtig	səksən	[sæk'sæn]
eenentachtig	səksən bir	[sæk'sæn 'bir]
tweeëntachtig	səksən iki	[sæk'sæn i'ki]
drieëntachtig	səksən üç	[sæk'sæn 'juʧ]

negentig	doxsan	[doχ'san]
eenennegentig	doxsan bir	[doχ'san 'bir]
tweeënnegentig	doxsan iki	[doχ'san i'ki]
drieënnegentig	doxsan üç	[doχ'san 'juʧ]

8. Kardinale getallen. Deel 2

honderd	yüz	['jyz]
tweehonderd	iki yüz	[i'ki 'juz]
driehonderd	üç yüz	['juʧ 'juz]
vierhonderd	dörd yüz	['dørd 'juz]
vijfhonderd	beş yüz	['bɛʃ 'juz]

zeshonderd	altı yüz	[al'tı 'juz]
zevenhonderd	yeddi yüz	[ɛd'di 'juz]
achthonderd	səkkiz yüz	[sæk'kiz 'juz]
negenhonderd	doqquz yüz	[dok'kuz 'juz]

duizend	min	['min]
tweeduizend	iki min	[i'ki 'min]
drieduizend	üç min	['juʧ 'min]
tienduizend	on min	['on 'min]
honderdduizend	yüz min	['juz 'min]
miljoen (het)	milyon	[mi'ljon]
miljard (het)	milyard	[mi'ljard]

9. Ordinale getallen

eerste (bn)	birinci	[birin'ʤi]
tweede (bn)	ikinci	[ikin'ʤi]
derde (bn)	üçüncü	[yʧun'ʤu]
vierde (bn)	dördüncü	[dørdyn'ʤy]
vijfde (bn)	beşinci	[bɛʃin'ʤi]

zesde (bn)	altıncı	[altın'ʤı]
zevende (bn)	yeddinci	[ɛddin'ʤi]
achtste (bn)	səkkizinci	[sækkizin'ʤi]
negende (bn)	doqquzuncu	[dokkuzun'ʤy]
tiende (bn)	onuncu	[onun'ʤu]

KLEUREN. MEETEENHEDEN

10. Kleuren

kleur (de)	rəng	['rænh]
tint (de)	çalar	[ʧa'lar]
kleurnuance (de)	ton	['ton]
regenboog (de)	qövsi-quzeh	[gøvsi gy'zɛh]

wit (bn)	ağ	['aɣ]
zwart (bn)	qara	[ga'ra]
grijs (bn)	boz	['boz]

groen (bn)	yaşıl	[ja'ʃıl]
geel (bn)	sarı	[sa'rı]
rood (bn)	qırmızı	[gırmı'zı]

blauw (bn)	göy	['gøj]
lichtblauw (bn)	mavi	[ma'vi]
roze (bn)	çəhrayı	[ʧæhra'jı]
oranje (bn)	narıncı	[narın'ʤ^ı]
violet (bn)	bənövşəyi	[bænøvʃæ'jı]
bruin (bn)	şabalıdı	[ʃabalı'dı]

goud (bn)	qızıl	[gı'zıl]
zilverkleurig (bn)	gümüşü	[gymy'ʃy]

beige (bn)	bej rəngli	[bɛʒ ræng'li]
roomkleurig (bn)	krem rəngli	[krɛm ræng'li]
turkoois (bn)	firuzəyi	[firuzæ'jı]
kersrood (bn)	tünd qırmızı	['tynd gırmı'zı]
lila (bn)	açıq bənövşəyi	[a'ʧıh bænøvʃæ'jı]
karmijnrood (bn)	moruq rəngli	[moruh ræng'li]

licht (bn)	açıq rəngli	[a'ʧıh ræng'li]
donker (bn)	tünd	['tynd]
fel (bn)	parlaq	[par'lah]

kleur-, kleurig (bn)	rəngli	[ræng'li]
kleuren- (abn)	rəngli	[ræng'li]
zwart-wit (bn)	ağ-qara	['aɣ ga'ra]
eenkleurig (bn)	birrəng	[bir'rænh]
veelkleurig (bn)	müxtəlif rəngli	[myχtæ'lif ræng'li]

11. Meeteenheden

gewicht (het)	çəki	[ʧæ'ki]
lengte (de)	uzunluq	[uzun'l^ʲuh]

breedte (de)	en	['ɛn]
hoogte (de)	hündürlük	[hyndyr'lyk]
diepte (de)	dərinlik	[dærin'lik]
volume (het)	həcm	['hædʒ'm]
oppervlakte (de)	səth	['sæth]

gram (het)	qram	['gram]
milligram (het)	milliqram	[milli'gram]
kilogram (het)	kiloqram	[kilog'ram]
ton (duizend kilo)	ton	['ton]
pond (het)	girvənkə	[girvæn'kæ]
ons (het)	unsiya	['unsija]

meter (de)	metr	['mɛtr]
millimeter (de)	millimetr	[milli'mɛtr]
centimeter (de)	santimetr	[santi'mɛtr]
kilometer (de)	kilometr	[kilo'mɛtr]
mijl (de)	mil	['mil]

duim (de)	düym	['dyjm]
voet (de)	fut	['fut]
yard (de)	yard	['jard]

| vierkante meter (de) | kvadrat metr | [kvad'rat 'mɛtr] |
| hectare (de) | hektar | [hɛk'tar] |

liter (de)	litr	['litr]
graad (de)	dərəcə	[dæræ'dʒ'æ]
volt (de)	volt	['volt]
ampère (de)	amper	[am'pɛr]
paardenkracht (de)	at gücü	['at gy'dʒy]

hoeveelheid (de)	miqdar	[mig'dar]
een beetje ...	bir az ...	['bir 'az ...]
helft (de)	yarım	[ja'rım]
dozijn (het)	on iki	['on i'ki]
stuk (het)	əded	[æ'dæd]

| afmeting (de) | ölçü | [øl'tʃu] |
| schaal (bijv. ~ van 1 op 50) | miqyas | [mi'gjas] |

minimaal (bn)	minimal	[mini'mal]
minste (bn)	ən kiçik	['æn ki'tʃik]
medium (bn)	orta	[or'ta]
maximaal (bn)	maksimal	[maksi'mal]
grootste (bn)	ən böyük	['æn bø'juk]

12. Containers

glazen pot (de)	şüşə banka	[ʃy'ʃæ ban'ka]
blik (conserven~)	konserv bankası	[kon'sɛrv banka'sı]
emmer (de)	vedrə	[vɛd'ræ]
ton (bijv. regenton)	çəllək	[tʃæl'læk]
ronde waterbak (de)	ləyən	[læ'jæn]

tank (bijv. watertank-70-ltr)	bak	['bak]
heupfles (de)	mehtərə	[mɛhtæ'ræ]
jerrycan (de)	kanistr	[ka'nistr]
tank (bijv. ketelwagen)	sistern	[sis'tɛrn]

beker (de)	parç	['partʃ]
kopje (het)	fincan	[fin'dʒan]
schoteltje (het)	nəlbəki	[nælbæ'ki]
glas (het)	stəkan	[stæ'kan]
wijnglas (het)	qədəh	[gæ'dæh]
steelpan (de)	qazan	[ga'zan]

| fles (de) | şüşə | [ʃy'ʃæ] |
| flessenhals (de) | boğaz | [bo'gaz] |

karaf (de)	qrafin	[gra'fin]
kruik (de)	səhənk	[sæ'hænk]
vat (het)	qab	['gap]
pot (de)	bardaq	[bar'dah]
vaas (de)	güldan	[gylⁱ'dan]

flacon (de)	flakon	[fla'kon]
flesje (het)	şüşə	[ʃy'ʃæ]
tube (bijv. ~ tandpasta)	tübik	['tybik]

zak (bijv. ~ aardappelen)	torba	[tor'ba]
tasje (het)	paket	[pa'kɛt]
pakje (~ sigaretten, enz.)	paçka	[patʃ'ka]

doos (de)	qutu	[gu'tu]
kist (de)	yeşik	[ɛ'ʃik]
mand (de)	səbət	[sæ'bæt]

BELANGRIJKSTE WERKWOORDEN

13. De belangrijkste werkwoorden. Deel 1

aanbevelen (ww)	məsləhət görmək	[mæslæ'hæt gør'mæk]
aandringen (ww)	təkid etmək	[tæ'kid ɛt'mæk]
aankomen (per auto, enz.)	gəlmək	[gæl'mæk]
aanraken (ww)	əl vurmaq	['æl vur'mah]
adviseren (ww)	məsləhət vermək	[mæslæ'hæt vɛr'mæk]

afdalen (on.ww.)	aşağı düşmək	[aʃa'ɣɪ dyʃ'mæk]
afslaan (naar rechts ~)	döndərmək	[døndær'mæk]
antwoorden (ww)	cavab vermək	[dʒ¦a'vap vɛr'mæk]
bang zijn (ww)	qorxmaq	[gorχ'mah]
bedreigen (bijv. met een pistool)	hədələmək	[hædælæ'mæk]

bedriegen (ww)	aldatmaq	[aldat'mah]
beëindigen (ww)	qurtarmaq	[gurtar'mah]
beginnen (ww)	başlamaq	[baʃla'mah]
begrijpen (ww)	başa düşmək	[ba'ʃa dyʃ'mæk]
beheren (managen)	idarə etmək	[ida'ræ ɛt'mæk]

beledigen (met scheldwoorden)	təhkir etmək	[tæh'kir ɛt'mæk]
beloven (ww)	vəd etmək	['væd ɛt'mæk]
bereiden (koken)	hazırlamaq	[hazırla'mah]
bespreken (spreken over)	müzakirə etmək	[myzaki'ræ ɛt'mæk]

bestellen (eten ~)	sifariş etmək	[sifa'riʃ ɛt'mæk]
bestraffen (een stout kind ~)	cəzalandırmaq	[dʒ¦æzalandır'mah]
betalen (ww)	pulunu ödəmək	[puľu'nu ødæ'mæk]
betekenen (beduiden)	ifadə etmək	[ifa'dæ ɛt'mæk]
betreuren (ww)	heyfsilənmək	[hɛjfsilæn'mæk]

bevallen (prettig vinden)	xoşuna gəlmək	[χoʃu'na gæl'mæk]
bevelen (mil.)	əmr etmək	['æmr ɛt'mæk]
bevrijden (stad, enz.)	azad etmək	[a'zad ɛt'mæk]
bewaren (ww)	saxlamaq	[saχla'mah]
bezitten (ww)	sahib olmaq	[sa'hip ol'mah]

bidden (praten met God)	dua etmək	[du'a ɛt'mæk]
binnengaan (een kamer ~)	daxil olmaq	[da'χil ol'mah]
breken (ww)	qırmaq	[gır'mah]
controleren (ww)	nəzarət etmək	[næza'ræt ɛt'mæk]
creëren (ww)	yaratmaq	[jarat'mah]

deelnemen (ww)	iştirak etmək	[iʃti'rak ɛt'mæk]
denken (ww)	düşünmək	[dyʃyn'mæk]
doden (ww)	öldürmək	[øldyr'mæk]

| doen (ww) | etmək | [ɛt'mæk] |
| dorst hebben (ww) | içmək istəmək | [itʃ'mæk istæ'mæk] |

14. De belangrijkste werkwoorden. Deel 2

een hint geven	eyham vurmaq	[ɛj'ham vur'mah]
eisen (met klem vragen)	tələb etmək	[tæ'læp ɛt'mæk]
existeren (bestaan)	mövcud olmaq	[møv'dʒyd ol'mah]
gaan (te voet)	getmək	[gɛt'mæk]

gaan zitten (ww)	oturmaq	[otur'mah]
gaan zwemmen	çimmək	[tʃim'mæk]
geven (ww)	vermək	[vɛr'mæk]
glimlachen (ww)	gülümsəmək	[gylymsæ'mæk]
goed raden (ww)	tapmaq	[tap'mah]
grappen maken (ww)	zarafat etmək	[zara'fat ɛt'mæk]
graven (ww)	qazmaq	[gaz'mah]

hebben (ww)	malik olmaq	['malik ol'mah]
helpen (ww)	kömək etmək	[kø'mæk ɛt'mæk]
herhalen (opnieuw zeggen)	təkrar etmək	[tæk'rar ɛt'mæk]
honger hebben (ww)	yemək istəmək	[ɛ'mæk istɛ'mæk]
hopen (ww)	ümid etmək	[y'mid ɛt'mæk]
horen	eşitmək	[ɛʃit'mæk]
(waarnemen met het oor)		
huilen (wenen)	ağlamaq	[aɣla'mah]
huren (huis, kamer)	kirayə etmək	[kira'jæ ɛt'mæk]
informeren (informatie geven)	məlumat vermək	[mælʲu'mat vɛr'mæk]

instemmen (akkoord gaan)	razı olmaq	[ra'zɪ ol'mah]
jagen (ww)	ova çıxmaq	[o'va tʃɪχ'mah]
kennen (kennis hebben	tanımaq	[tanɪ'mah]
van iemand)		
kiezen (ww)	seçmək	[sɛtʃ'mæk]
klagen (ww)	şikayət etmək	[ʃika'jæt ɛt'mæk]

kosten (ww)	qiyməti olmaq	[gijmæ'ti ol'mah]
kunnen (ww)	bacarmaq	[badʒar'mah]
lachen (ww)	gülmək	[gylʲ'mæk]
laten vallen (ww)	yerə salmaq	[ɛ'ræ sal'mah]
lezen (ww)	oxumaq	[oχu'mah]

liefhebben (ww)	sevmək	[sɛv'mæk]
lunchen (ww)	nahar etmək	[na'har ɛt'mæk]
nemen (ww)	almaq	[al'mah]
nodig zijn (ww)	tələb olunmaq	[tæ'læp olʲun'mah]

15. De belangrijkste werkwoorden. Deel 3

onderschatten (ww)	lazımi qədər	[lazɪ'mi gæ'dær
	qiymətləndirməmək	gijmætlæn'dirmæmæk]
ondertekenen (ww)	imzalamaq	[imzala'mah]

ontbijten (ww)	səhər yeməyi yemək	[sæ'hær ɛmæ'jı ɛ'mæk]
openen (ww)	açmaq	[atʃ'mah]
ophouden (ww)	kəsmək	[kæs'mæk]
opmerken (zien)	görmək	[gør'mæk]

opscheppen (ww)	lovğalanmaq	[lovɣalan'mah]
opschrijven (ww)	yazmaq	[jaz'mah]
plannen (ww)	planlaşdırmaq	[planlaʃdır'mah]
prefereren (verkiezen)	üstünlük vermək	[ystyn'lyk vɛr'mæk]
proberen (trachten)	sınamaq	[sına'mah]
redden (ww)	xilas etmək	[χi'las ɛt'mæk]

rekenen op ...	bel bağlamaq	['bɛl baɣla'mah]
rennen (ww)	qaçmaq	[gatʃ'mah]
reserveren (een hotelkamer ~)	sifariş etmək	[sifa'riʃ ɛt'mæk]
roepen (om hulp)	çağırmaq	[tʃaɣır'mah]
schieten (ww)	atəş açmaq	[a'tæʃ atʃ'mah]
schreeuwen (ww)	çığırmaq	[tʃıɣır'mah]

schrijven (ww)	yazmaq	[jaz'mah]
souperen (ww)	axşam yeməyi yemək	[aχ'ʃam ɛmæ'jı ɛ'mæk]
spelen (kinderen)	oynamaq	[ojna'mah]
spreken (ww)	danışmaq	[danıʃ'mah]
stelen (ww)	oğurlamaq	[oɣurla'mah]
stoppen (pauzeren)	dayanmaq	[dajan'mah]

studeren (Nederlands ~)	öyrənmək	[øjræn'mæk]
sturen (zenden)	göndərmək	[gøndær'mæk]
tellen (optellen)	saymaq	[saj'mah]
toebehoren ...	mənsub olmaq	[mæn'sup ol'mah]
toestaan (ww)	icazə vermək	[idʒ'a'zæ vɛr'mæk]
tonen (ww)	göstərmək	[gøstær'mæk]

twijfelen (onzeker zijn)	şübhələnmək	[ʃybhælæn'mæk]
uitgaan (ww)	çıxmaq	[tʃıχ'mah]
uitnodigen (ww)	dəvət etmək	[dæ'væt ɛt'mæk]
uitspreken (ww)	tələffüz etmək	[tælæf'fyz ɛt'mæk]
uitvaren tegen (ww)	danlamaq	[danla'mah]

16. De belangrijkste werkwoorden. Deel 4

vallen (ww)	yıxılmaq	[jıχıl'mah]
vangen (ww)	tutmaq	[tut'mah]
veranderen (anders maken)	dəyişmək	[dæjiʃ'mæk]
verbaasd zijn (ww)	təəccüblənmək	[taædʒyblæn'mæk]
verbergen (ww)	gizlətmək	[gizlæt'mæk]

verdedigen (je land ~)	müdafiyə etmək	[mydafi'jæ ɛt'mæk]
verenigen (ww)	birləşdirmək	[birlæʃdir'mæk]
vergelijken (ww)	müqayisə etmək	[mygajı'sæ ɛt'mæk]
vergeten (ww)	unutmaq	[unut'mah]
vergeven (ww)	bağışlamaq	[baɣıʃla'mah]
verklaren (uitleggen)	izah etmək	[i'zah ɛt'mæk]

verkopen (per stuk ~)	satmaq	[sat'mah]
vermelden (praten over)	adını çəkmək	[adı'nı tʃæk'mæk]
versieren (decoreren)	bəzəmək	[bæzæ'mæk]
vertalen (ww)	tərcümə etmək	[tærdʒy'mæ ɛt'mæk]
vertrouwen (ww)	etibar etmək	[ɛti'bar ɛt'mæk]
vervolgen (ww)	davam etdirmək	[da'vam ɛtdir'mæk]
verwarren (met elkaar ~)	dolaşıq salmaq	[dola'ʃıh sal'mah]
verzoeken (ww)	xahiş etmək	[χa'hiʃ ɛt'mæk]
verzuimen (school, enz.)	buraxmaq	[buraχ'mah]
vinden (ww)	tapmaq	[tap'mah]
vliegen (ww)	uçmaq	[utʃ'mah]
volgen (ww)	ardınca getmək	[ar'dındʒa gɛt'mæk]
voorstellen (ww)	təklif etmək	[tæk'lif ɛt'mæk]
voorzien (verwachten)	qabaqcadan görmək	[ga'bagdʒadan gør'mæk]
vragen (ww)	soruşmaq	[soruʃ'mah]
waarnemen (ww)	müşaidə etmək	[myʃai'dæ ɛt'mæk]
waarschuwen (ww)	xəbərdarlıq etmək	[χæbærdar'lıh ɛt'mæk]
wachten (ww)	gözləmək	[gøzlæ'mæk]
weerspreken (ww)	etiraz etmək	[ɛti'raz ɛt'mæk]
weigeren (ww)	imtina etmək	[imti'na ɛt'mæk]
werken (ww)	işləmək	[iʃlæ'mæk]
weten (ww)	bilmək	[bil'mæk]
willen (verlangen)	istəmək	[istæ'mæk]
zeggen (ww)	demək	[dɛ'mæk]
zich haasten (ww)	tələsmək	[tælæs'mæk]
zich interesseren voor ...	maraqlanmaq	[maraglan'mah]
zich vergissen (ww)	səhv etmək	['sæhv ɛt'mæk]
zich verontschuldigen	üzr istəmək	['juzr istæ'mæk]
zien (ww)	görmək	[gør'mæk]
zijn (ww)	olmaq	[ol'mah]
zoeken (ww)	axtarmaq	[aχtar'mah]
zwemmen (ww)	üzmək	[yz'mæk]
zwijgen (ww)	susmaq	[sus'mah]

23

TIJD. KALENDER

17. Dagen van de week

maandag (de)	bazar ertəsi	[ba'zar ɛrtæ'si]
dinsdag (de)	çərşənbə axşamı	[ʧærʃæn'bæ aχʃa'mı]
woensdag (de)	çərşənbə	[ʧærʃæn'bæ]
donderdag (de)	cümə axşamı	[ʤy'mæ aχʃa'mı]
vrijdag (de)	cümə	[ʤy'mæ]
zaterdag (de)	şənbə	[ʃæn'bæ]
zondag (de)	bazar	[ba'zar]

vandaag (bw)	bu gün	['bu 'gyn]
morgen (bw)	sabah	['sabah]
overmorgen (bw)	birigün	[bi'rigyn]
gisteren (bw)	dünən	['dynæn]
eergisteren (bw)	sırağa gün	[sıra'ɣa 'gyn]

dag (de)	gündüz	[gyn'dyz]
werkdag (de)	iş günü	['iʃ gy'ny]
feestdag (de)	bayram günü	[baj'ram gy'ny]
verlofdag (de)	istirahət günü	[istira'hæt gy'ny]
weekend (het)	istirahət günləri	[istira'hæt gynlɛ'ri]

de hele dag (bw)	bütün günü	[by'tyn gy'ny]
de volgende dag (bw)	ertəsi gün	[ɛrtæ'si 'gyn]
twee dagen geleden	iki gün qabaq	[i'ki 'gyn ga'bah]
aan de vooravond (bw)	ərəfəsində	[æræfæsin'dæ]
dag-, dagelijks (bn)	gündəlik	[gyndæ'lik]
elke dag (bw)	hər gün	['hær 'gyn]

week (de)	həftə	[hæf'tæ]
vorige week (bw)	keçən həftə	[kɛ'ʧæn hæf'tæ]
volgende week (bw)	gələn həftə	[gæ'læn hæf'tæ]
wekelijks (bn)	həftəlik	[hæftæ'lik]
elke week (bw)	həftədə bir	[hæftæ'dæ 'bir]
twee keer per week	həftədə iki dəfə	[hæftæ'dæ i'ki dæ'fæ]
elke dinsdag	hər çərşənbə axşamı	['hær ʧærʃæn'bæ aχʃa'mı]

18. Uren. Dag en nacht

morgen (de)	səhər	[sæ'hær]
's morgens (bw)	səhərçağı	[sæ'hær ʧa'ɣı]
middag (de)	günorta	[gynor'ta]
's middags (bw)	nahardan sonra	[nahar'dan son'ra]

avond (de)	axşam	[aχ'ʃam]
's avonds (bw)	axşam	[aχ'ʃam]

nacht (de)	gecə	[gɛ'dʒ¡æ]
's nachts (bw)	gecə	[gɛ'dʒ¡æ]
middernacht (de)	gecəyarı	[gɛdʒ¡æja'rı]

seconde (de)	saniyə	[sani'jæ]
minuut (de)	dəqiqə	[dægi'gæ]
uur (het)	saat	[sa'at]
halfuur (het)	yarım saat	[ja'rım sa'at]
kwartier (het)	on beş dəqiqə	['on 'bɛʃ dægi'gæ]
vijftien minuten	on beş dəqiqə	['on 'bɛʃ dægi'gæ]
etmaal (het)	gecə-gündüz	[gɛ'dʒ¡æ gyn'dyz]

zonsopgang (de)	günəşin doğması	[gynæ'ʃin doɣma'sı]
dageraad (de)	şəfəq	[ʃæ'fæh]
vroege morgen (de)	səhər tezdən	[sæ'hær tɛz'dæn]
zonsondergang (de)	gün batan çağı	['gyn ba'tan ʧa'ɣı]

's morgens vroeg (bw)	erkəndən	[ɛrkæn'dæn]
vanmorgen (bw)	bu gün səhər	['bu 'gyn sæ'hær]
morgenochtend (bw)	sabah səhər	['sabah sæ'hær]

vanmiddag (bw)	bu gün günorta çağı	['bu 'gyn gynor'ta ʧa'ɣı]
's middags (bw)	nahardan sonra	[nahar'dan son'ra]
morgenmiddag (bw)	sabah nahardan sonra	['sabah nahar'dan son'ra]

| vanavond (bw) | bu gün axşam | ['bu 'gyn aχ'ʃam] |
| morgenavond (bw) | sabah axşam | ['sabah aχ'ʃam] |

klokslag drie uur	saat üç tamamda	[sa'at 'juʧ tamam'da]
ongeveer vier uur	təxminən saat dörd radələrində	[tæχ'minæn sa'at 'dørd radælærin'dæ]
tegen twaalf uur	saat on iki üçün	[sa'at 'on i'ki ju'ʧun]

over twintig minuten	iyirmi dəqiqədən sonra	[ijır'mi dægigæ'dæn son'ra]
over een uur	bir saatdan sonra	['bir saat'dan son'ra]
op tijd (bw)	vaxtında	[vaχtın'da]

kwart voor …	on beş dəqiqə qalmış	['on 'bɛʃ dægi'gæ gal'mıʃ]
binnen een uur	bir saat ərzində	['bir sa'at ærzin'dæ]
elk kwartier	hər on beş dəqiqədən bir	['hær 'on 'bɛʃ dægigæ'dæn bir]
de klok rond	gecə-gündüz	[gɛ'dʒ¡æ gyn'dyz]

19. Maanden. Seizoenen

januari (de)	yanvar	[jan'var]
februari (de)	fevral	[fɛv'ral]
maart (de)	mart	['mart]
april (de)	aprel	[ap'rɛl]
mei (de)	may	['maj]
juni (de)	iyun	[i'jun]

| juli (de) | iyul | [i'jul] |
| augustus (de) | avqust | ['avgust] |

september (de)	sentyabr	[sɛn'tʲabr]
oktober (de)	oktyabr	[ok'tʲabr]
november (de)	noyabr	[no'jabr]
december (de)	dekabr	[dɛ'kabr]

lente (de)	yaz	['jaz]
in de lente (bw)	yazda	[jaz'da]
lente- (abn)	yaz	['jaz]

zomer (de)	yay	['jaj]
in de zomer (bw)	yayda	[jaj'da]
zomer-, zomers (bn)	yay	['jaj]

herfst (de)	payız	[pa'jız]
in de herfst (bw)	payızda	[pajız'da]
herfst- (abn)	payız	[pa'jız]

winter (de)	qış	['gıʃ]
in de winter (bw)	qışda	[gıʃ'da]
winter- (abn)	qış	['gıʃ]

maand (de)	ay	['aj]
deze maand (bw)	bu ay	['bu 'aj]
volgende maand (bw)	gələn ay	[gæ'læn 'aj]
vorige maand (bw)	keçən ay	[kɛ'ʧæn 'aj]

een maand geleden (bw)	bir ay qabaq	['bir 'aj ga'bah]
over een maand (bw)	bir aydan sonra	['bir aj'dan son'ra]
over twee maanden (bw)	iki aydan sonra	[i'ki aj'dan son'ra]
de hele maand (bw)	bütün ay	[by'tyn 'aj]
een volle maand (bw)	bütöv ay	[by'tøv 'aj]

maand-, maandelijks (bn)	aylıq	[aj'lıh]
maandelijks (bw)	ayda bir dəfə	[aj'da 'bir dæfæ]
elke maand (bw)	hər ay	['hær 'aj]
twee keer per maand	ayda iki dəfə	[aj'da i'ki dæ'fæ]

jaar (het)	il	['il]
dit jaar (bw)	bu il	['bu 'il]
volgend jaar (bw)	gələn il	[gæ'læn 'il]
vorig jaar (bw)	keçən il	[kɛ'ʧæn 'il]

een jaar geleden (bw)	bir il əvvəl	['bir 'il æv'væl]
over een jaar	bir ildən sonra	['bir il'dæn son'ra]
over twee jaar	iki ildən sonra	[i'ki il'dæn son'ra]
het hele jaar	il uzunu	['il uzu'nu]
een vol jaar	bütün il boyu	[by'tyn il bo'ju]

elk jaar	hər il	['hær 'il]
jaar-, jaarlijks (bn)	illik	[il'lik]
jaarlijks (bw)	hər ilki	['hær il'ki]
4 keer per jaar	ildə dörd dəfə	[il'dæ 'dørd dæ'fæ]

datum (de)	gün	['gyn]
datum (de)	tarix	[ta'riχ]
kalender (de)	təqvim	[tæg'vim]

een half jaar	yarım il	[ja'rım 'il]
zes maanden	yarım illik	[ja'rım il'lik]
seizoen (bijv. lente, zomer)	mövsüm	[møv'sym]
eeuw (de)	əsr	['æsr]

REIZEN. HOTEL

20. Trip. Reizen

toerisme (het)	turizm	[tu'rizm]
toerist (de)	turist	[tu'rist]
reis (de)	səyahət	[sæja'hæt]
avontuur (het)	macəra	[madʒʲæ'ra]
tocht (de)	səfər	[sæ'fær]
vakantie (de)	məzuniyyət	[mæzuni'æt]
met vakantie zijn	məzuniyyətdə olmaq	[mæzuniæt'dæ ol'mah]
rust (de)	istirahət	[istira'hæt]
trein (de)	qatar	[ga'tar]
met de trein	qatarla	[ga'tarla]
vliegtuig (het)	təyyarə	[tæja'ræ]
met het vliegtuig	təyyarə ilə	[tæja'ræ i'læ]
met de auto	maşınla	[ma'ʃınla]
per schip (bw)	gəmidə	[gæmi'dæ]
bagage (de)	baqaj	[ba'gaʒ]
valies (de)	çamadan	[ʧama'dan]
bagagekarretje (het)	baqaj üçün araba	[ba'gaʒ ju'ʧun ara'ba]
paspoort (het)	pasport	['pasport]
visum (het)	viza	['viza]
kaartje (het)	bilet	[bi'lɛt]
vliegticket (het)	təyyarə bileti	[tæja'ræ bilɛ'ti]
reisgids (de)	soraq kitabçası	[so'rah kitabʧa'sı]
kaart (de)	xəritə	[χæri'tæ]
gebied (landelijk ~)	yer	['ɛr]
plaats (de)	yer	['ɛr]
exotische bestemming (de)	ekzotika	[ɛk'zotika]
exotisch (bn)	ekzotik	[ɛkzo'tik]
verwonderlijk (bn)	təəccüb doğuran	[taæ'dʒyp doɣu'ran]
groep (de)	qrup	['grup]
rondleiding (de)	ekskursiya	[ɛks'kursija]
gids (de)	ekskursiya rəhbəri	[ɛks'kursija ræhbæ'ri]

21. Hotel

hotel (het)	mehmanxana	[mɛhmanχa'na]
motel (het)	motel	[mo'tɛl]
3-sterren	3 ulduzlu	['juʧ ulduz'ʲʲu]

| 5-sterren | 5 ulduzlu | ['bɛʃ ulduz'ɭu] |
| overnachten (ww) | qalmaq | [gal'mah] |

kamer (de)	nömrə	[nøm'ræ]
eenpersoonskamer (de)	bir nəfərlik nömrə	['bir næfær'lik nøm'ræ]
tweepersoonskamer (de)	iki nəfərlik nömrə	[i'ki næfær'lik nøm'ræ]
een kamer reserveren	nömrə təxsis etmək	[nøm'ræ tæχ'sis ɛt'mæk]

| halfpension (het) | yarım pansion | [ja'rım pansi'on] |
| volpension (het) | tam pansion | ['tam pansi'on] |

met badkamer	vannası olan nömrə	[vanna'sı o'lan nøm'ræ]
met douche	duşu olan nömrə	[du'ʃu o'lan nøm'ræ]
satelliet-tv (de)	peyk televiziyası	['pɛjk tɛlɛ'vizijası]
airconditioner (de)	kondisioner	[kondisio'nɛr]
handdoek (de)	dəsmal	[dæs'mal]
sleutel (de)	açar	[a'ʧar]

administrateur (de)	müdir	[my'dir]
kamermeisje (het)	otaq qulluqçusu	[o'tah gulɭugʧu'su]
piccolo (de)	yükdaşıyan	[jykdaʃı'jan]
portier (de)	qapıçı	[gapı'ʧı]

restaurant (het)	restoran	[rɛsto'ran]
bar (de)	bar	['bar]
ontbijt (het)	səhər yeməyi	[sæ'hær ɛmɛ'jı]
avondeten (het)	axşam yeməyi	[aχ'ʃam ɛmɛ'jı]
buffet (het)	İsveç masası	[is'vɛʧ masa'sı]

| hal (de) | vestibül | [vɛsti'byl] |
| lift (de) | lift | ['lift] |

| NIET STOREN | NARAHAT ETMƏYİN! | [nara'hat 'ɛtmæjın] |
| VERBODEN TE ROKEN! | SİQARET ÇƏKMƏYİN! | [siga'rɛt 'ʧækmæjın] |

22. Bezienswaardigheden

monument (het)	abidə	[abi'dæ]
vesting (de)	qala	[ga'la]
paleis (het)	saray	[sa'raj]
kasteel (het)	qəsr	['gæsr]
toren (de)	qüllə	[gyl'læ]
mausoleum (het)	məqbərə	[mæqbæ'ræ]

architectuur (de)	memarlıq	[mɛmar'lıh]
middeleeuws (bn)	orta əsrlərə aid	[or'ta æsrlæ'ræ a'id]
oud (bn)	qədimi	[gædi'mi]
nationaal (bn)	milli	[mil'li]
bekend (bn)	məşhur	[mæʃ'hur]

toerist (de)	turist	[tu'rist]
gids (de)	bələdçi	[bælæd'ʧi]
rondleiding (de)	gəzinti	[gæzin'ti]
tonen (ww)	göstərmək	[gøstær'mæk]

29

vertellen (ww)	**söyləmək**	[søjlæ'mæk]
vinden (ww)	**tapmaq**	[tap'mah]
verdwalen (de weg kwijt zijn)	**itmək**	[it'mæk]
plattegrond (~ van de metro)	**sxem**	['sχɛm]
plattegrond (~ van de stad)	**plan**	['plan]
souvenir (het)	**suvenir**	[suvɛ'nir]
souvenirwinkel (de)	**suvenir mağazası**	[suvɛ'nir ma'ɣazası]
een foto maken (ww)	**fotoşəkil çəkmək**	[fotoʃæ'kil ʧæk'mæk]
zich laten fotograferen	**fotoşəkil çəkdirmək**	[fotoʃæ'kil ʧækdir'mæk]

VERVOER

23. Vliegveld

luchthaven (de)	hava limanı	[ha'va lima'nı]
vliegtuig (het)	təyyarə	[tæja'ræ]
luchtvaartmaatschappij (de)	hava yolu şirkəti	[ha'va jo'lʲu ʃirkæ'ti]
luchtverkeersleider (de)	dispetçer	[dis'pɛtʃɛr]

vertrek (het)	uçub getmə	[u'ʧup gɛt'mæ]
aankomst (de)	uçub gəlmə	[u'ʧup gæl'mæ]
aankomen (per vliegtuig)	uçub gəlmək	[u'ʧup gæl'mæk]

| vertrektijd (de) | yola düşmə vaxtı | [jo'la dyʃ'mæ vaχ'tı] |
| aankomstuur (het) | gəlmə vaxtı | [gæl'mæ vaχ'tı] |

| vertraagd zijn (ww) | gecikmək | [gɛʤ'ik'mæk] |
| vluchtvertraging (de) | uçuşun gecikməsi | [uʧu'ʃun gɛʤʲikmæ'si] |

informatiebord (het)	məlumat lövhəsi	[mælʲu'mat løvhæ'si]
informatie (de)	məlumat	[mælʲu'mat]
aankondigen (ww)	elan etmək	[ɛ'lan ɛt'mæk]
vlucht (bijv. KLM ~)	reys	['rɛjs]
douane (de)	gömrük	[gøm'ryk]
douanier (de)	gömrük işçisi	[gøm'ryk iʃʧi'si]

douaneaangifte (de)	bəyannamə	[bæjanna'mæ]
een douaneaangifte invullen	bəyannaməni doldurmaq	[bæjannamæ'ni doldur'mah]
paspoortcontrole (de)	pasport nəzarəti	['pasport næzaræ'ti]

bagage (de)	baqaj	[ba'gaʒ]
handbagage (de)	əl yükü	['æl ju'ky]
bagagekarretje (het)	araba	[ara'ba]

landing (de)	enmə	[ɛn'mæ]
landingsbaan (de)	enmə zolağı	[ɛn'mæ zola'ɣı]
landen (ww)	enmək	[ɛn'mæk]
vliegtuigtrap (de)	pilləkən	[pillæ'kæn]

inchecken (het)	qeydiyyat	[gɛjdi'at]
incheckbalie (de)	qeydiyyat yeri	[gɛjdi'at ɛ'ri]
inchecken (ww)	qeydiyyatdan keçmək	[gɛjdiat'dan kɛʧ'mæk]
instapkaart (de)	minik talonu	[mi'nik talo'nu]
gate (de)	çıxış	[ʧı'χıʃ]

transit (de)	tranzit	[tran'zit]
wachten (ww)	gözləmək	[gøzlæ'mæk]
wachtzaal (de)	gözləmə zalı	[gøzlæ'mæ za'lı]
begeleiden (uitwuiven)	yola salmaq	[jo'la sal'mah]
afscheid nemen (ww)	vidalaşmaq	[vidalaʃ'mah]

24. Vliegtuig

vliegtuig (het)	təyyarə	[tæja'ræ]
vliegticket (het)	təyyarə bileti	[tæja'ræ bilɛ'ti]
luchtvaartmaatschappij (de)	hava yolu şirkəti	[ha'va jo'lʲu ʃirkæ'ti]
luchthaven (de)	hava limanı	[ha'va lima'nı]
supersonisch (bn)	səsdən sürətli	[sæs'dæn syræt'li]

gezagvoerder (de)	hava gəmisinin komandiri	[ha'va gæmisi'nin komandi'ri]
bemanning (de)	heyyət	[hɛ'jæt]
piloot (de)	pilot	[pi'lot]
stewardess (de)	stüardessa	[styar'dɛssa]
stuurman (de)	şturman	['ʃturman]

vleugels (mv.)	qanadlar	[ganad'lar]
staart (de)	arxa	[ar'χa]
cabine (de)	kabina	[ka'bina]
motor (de)	mühərrik	[myhær'rik]
landingsgestel (het)	şassi	[ʃas'si]
turbine (de)	turbina	[tur'bina]

propeller (de)	propeller	[pro'pɛllɛr]
zwarte doos (de)	qara qutu	[ga'ra gu'tu]
stuur (het)	sükan çarxı	[sy'kʲan tʃar'χı]
brandstof (de)	yanacaq	[jana'dʒʲah]

veiligheidskaart (de)	təlimat	[tæli'mat]
zuurstofmasker (het)	oksigen maskası	[oksi'gɛn maska'sı]
uniform (het)	rəsmi paltar	[ræs'mi pal'tar]
reddingsvest (de)	xilas edici jilet	[χi'las ædi'dʒʲi ʒi'lɛt]
parachute (de)	paraşüt	[para'ʃyt]

opstijgen (het)	havaya qalxma	[hava'ja galχ'ma]
opstijgen (ww)	havaya qalxmaq	[hava'ja galχ'mah]
startbaan (de)	qalxma-enmə zolağı	[galχ'ma ɛn'mæ zola'ɣı]

zicht (het)	görünmə dərəcəsi	[gøryn'mæ dæradʒʲæ'si]
vlucht (de)	uçuş	[u'tʃuʃ]
hoogte (de)	hündürlük	[hyndyr'lyk]
luchtzak (de)	hava boşluğu	[ha'va boʃlʲu'ɣu]

plaats (de)	yer	['ɛr]
koptelefoon (de)	qulaqlıqlar	[gulaglıg'lar]
tafeltje (het)	qatlanan masa	[gatla'nan ma'sa]
venster (het)	illüminator	[illymi'nator]
gangpad (het)	keçid	[kɛ'tʃid]

25. Trein

trein (de)	qatar	[ga'tar]
elektrische trein (de)	elektrik qatarı	[ɛlɛkt'rik gata'rı]
sneltrein (de)	sürət qatarı	[sy'ræt gata'rı]
diesellocomotief (de)	teplovoz	[tɛplo'voz]

locomotief (de)	parovoz	[paro'voz]
rijtuig (het)	vaqon	[va'gon]
restauratierijtuig (het)	vaqon-restoran	[va'gon rɛsto'ran]

rails (mv.)	relslər	[rɛls'lær]
spoorweg (de)	dəmiryolu	[dæmirjo'lʲu]
dwarsligger (de)	şpal	['ʃpal]

perron (het)	platforma	[plat'forma]
spoor (het)	yol	['jol]
semafoor (de)	semafor	[sɛma'for]
halte (bijv. kleine treinhalte)	stansiya	['stansija]

machinist (de)	maşınsürən	[maʃınsy'ræn]
kruier (de)	yükdaşıyan	[jykdaʃı'jan]
conducteur (de)	bələdçi	[bælæd'tʃi]
passagier (de)	sərnişin	[særni'ʃin]
controleur (de)	nəzarətçi	[næzaræ'tʃi]

gang (in een trein)	dəhliz	[dæh'liz]
noodrem (de)	stop-kran	['stop 'kran]

coupé (de)	kupe	[ku'pɛ]
bed (slaapplaats)	yataq yeri	[ja'tah ɛ'ri]
bovenste bed (het)	yuxarı yer	[juxa'rı 'ɛr]
onderste bed (het)	aşağı yer	[aʃa'ɣı 'ɛr]
beddengoed (het)	yataq dəyişəyi	[ja'tah dæiʃæ'jı]

kaartje (het)	bilet	[bi'lɛt]
dienstregeling (de)	cədvəl	[dʒʲæd'væl]
informatiebord (het)	lövhə	[løv'hæ]

vertrekken (De trein vertrekt ...)	yola düşmək	[jo'la dyʃ'mæk]
vertrek (ov. een trein)	yola düşmə	[jo'la dyʃ'mæ]
aankomen (ov. de treinen)	gəlmək	[gæl'mæk]
aankomst (de)	gəlmə	[gæl'mæ]

aankomen per trein	qatarla gəlmək	[ga'tarla gæl'mæk]
in de trein stappen	qatara minmək	[gata'ra min'mæk]
uit de trein stappen	qatardan düşmək	[gatar'dan dyʃ'mæk]

treinwrak (het)	qəza	[gæ'za]
locomotief (de)	parovoz	[paro'voz]
stoker (de)	ocaqçı	[odʒʲag'tʃı]
stookplaats (de)	odluq	[od'lʲuh]
steenkool (de)	kömür	[kø'myr]

26. Schip

schip (het)	gəmi	[gæ'mi]
vaartuig (het)	gəmi	[gæ'mi]
stoomboot (de)	paroxod	[paro'χod]
motorschip (het)	teploxod	[tɛplo'χod]

lijnschip (het)	layner	['lajnɛr]
kruiser (de)	kreyser	['krɛjsɛr]
jacht (het)	yaxta	['jaχta]
sleepboot (de)	yedək	[ɛ'dæk]
duwbak (de)	barja	['barʒa]
ferryboot (de)	bərə	[bæ'ræ]
zeilboot (de)	yelkənli qayıq	[ɛlkæn'li ga'jıh]
brigantijn (de)	briqantina	[brigan'tina]
IJsbreker (de)	buzqıran	[buzgı'ran]
duikboot (de)	sualtı qayıq	[sual'tı ga'jıh]
boot (de)	qayıq	[ga'jıh]
sloep (de)	şlyupka	['ʃlʲupka]
reddingssloep (de)	xilasetmə şlyupkası	[χilasɛt'mæ ʃlʲupka'sı]
motorboot (de)	kater	['katɛr]
kapitein (de)	kapitan	[kapi'tan]
zeeman (de)	matros	[mat'ros]
matroos (de)	dənizçi	[dæniz'ʧi]
bemanning (de)	heyyət	[hɛ'jæt]
bootsman (de)	bosman	['bosman]
scheepsjongen (de)	gəmi şagirdi	[gæ'mi ʃagir'di]
kok (de)	gəmi aşpazı	[gæ'mi aʃpa'zı]
scheepsarts (de)	gəmi həkimi	[gæ'mi hæki'mi]
dek (het)	göyərtə	[gøjær'tæ]
mast (de)	dirək	[di'ræk]
zeil (het)	yelkən	[ɛl'kæn]
ruim (het)	anbar	[an'bar]
voorsteven (de)	gəminin qabaq tərəfi	[gæmi'nin ga'bah tæræ'fi]
achtersteven (de)	gəminin arxa tərəfi	[gæmi'nin ar'χa tæræ'fi]
roeispaan (de)	avar	[a'var]
schroef (de)	pərvanə	[pærva'næ]
kajuit (de)	kayuta	[ka'juta]
officierskamer (de)	kayut-kompaniya	[ka'jut kom'panija]
machinekamer (de)	maşın bölməsi	[ma'ʃın bølmæ'si]
brug (de)	kapitan körpüsü	[kapi'tan kørpy'sy]
radiokamer (de)	radio-rubka	['radio 'rupka]
radiogolf (de)	radio dalğası	['radio dalɣa'sı]
logboek (het)	gəmi jurnalı	[gæ'mi ʒurna'lı]
verrekijker (de)	müşahidə borusu	[myʃai'dæ boru'su]
klok (de)	zəng	['zænh]
vlag (de)	bayraq	[baj'rah]
kabel (de)	kanat	[ka'nat]
knoop (de)	dənizçi düyünü	[dæniz'ʧi dyju'ny]
trapleuning (de)	məhəccər	[mæhæ'dʒ'ær]
trap (de)	pilləkən	[pillæ'kæn]

anker (het)	lövbər	[løv'bær]
het anker lichten	lövbəri qaldırmaq	[løvbæ'ri galdır'mah]
het anker neerlaten	lövbər salmaq	[løv'bær sal'mah]
ankerketting (de)	lövbər zənciri	[løv'bær zændʒi'ri]

haven (bijv. containerhaven)	liman	[li'man]
kaai (de)	körpü	[kør'py]
aanleggen (ww)	sahilə yaxınlaşmaq	[sahi'læ jaχınlaʃ'mah]
wegvaren (ww)	sahildən ayrılmaq	[sahil'dæn ajrıl'mah]

reis (de)	səyahət	[sæja'hæt]
cruise (de)	kruiz	[kru'iz]
koers (de)	istiqamət	[istiga'mæt]
route (de)	marşrut	[marʃ'rut]

vaarwater (het)	farvater	[far'vatɛr]
zandbank (de)	say	['saj]
stranden (ww)	saya oturmaq	[sa'ja otur'mah]

storm (de)	fırtına	[fırtı'na]
signaal (het)	siqnal	[sig'nal]
zinken (ov. een boot)	batmaq	[bat'mah]
SOS (noodsignaal)	SOS	['sos]
reddingsboei (de)	xilas edici dairə	[χilas ɛdi'dʒi dai'ræ]

STAD

27. Stedelijk vervoer

bus, autobus (de)	avtobus	[av'tobus]
tram (de)	tramvay	[tram'vaj]
trolleybus (de)	trolleybus	[trol'lɛjbus]
route (de)	marşrut	[marʃ'rut]
nummer (busnummer, enz.)	nömrə	[nøm'ræ]
rijden met …	getmək	[gɛt'mæk]
stappen (in de bus ~)	minmək	[min'mæk]
afstappen (ww)	enmək	[ɛn'mæk]
halte (de)	dayanacaq	[dajana'dʒʲah]
volgende halte (de)	növbəti dayanacaq	[nøvbæ'ti dajana'dʒʲah]
eindpunt (het)	axırıncı dayanacaq	[aχırın'dʒʲı dajana'dʒʲah]
dienstregeling (de)	hərəkət cədvəli	[hæræ'kæt dʒʲædvæ'li]
wachten (ww)	gözləmək	[gøzlæ'mæk]
kaartje (het)	bilet	[bi'lɛt]
reiskosten (de)	biletin qiyməti	[bilɛ'tin gijmæ'ti]
kassier (de)	kassir	[kas'sir]
kaartcontrole (de)	nəzarət	[næza'ræt]
controleur (de)	nəzarətçi	[næzaræ'ʧi]
te laat zijn (ww)	gecikmək	[gɛdʒʲik'mæk]
missen (de bus ~)	gecikmək	[gɛdʒʲik'mæk]
zich haasten (ww)	tələsmək	[tælæs'mæk]
taxi (de)	taksi	[tak'si]
taxichauffeur (de)	taksi sürücüsü	[tak'si syrydʒy'sy]
met de taxi (bw)	taksi ilə	[tak'si i'læ]
taxistandplaats (de)	taksi dayanacağı	[tak'si dajanadʒʲa'ɣı]
een taxi bestellen	taksi sifariş etmək	[tak'si sifa'riʃ ɛt'mæk]
een taxi nemen	taksi tutmaq	[tak'si tut'mah]
verkeer (het)	küçə hərəkəti	[ky'ʧæ hærækæ'ti]
file (de)	tıxac	[tı'χadʒʲ]
spitsuur (het)	pik saatları	['pik saatla'rı]
parkeren (on.ww.)	park olunmaq	['park olʲun'mah]
parkeren (ov.ww.)	park etmək	['park ɛt'mæk]
parking (de)	avtomobil dayanacağı	[avtomo'bil dajanadʒʲa'ɣı]
metro (de)	metro	[mɛt'ro]
halte (bijv. kleine treinhalte)	stansiya	['stansija]
de metro nemen	metro ilə getmək	[mɛt'ro i'læ gɛt'mæk]
trein (de)	qatar	[ga'tar]
station (treinstation)	dəmiryol vağzalı	[dæ'mirjol vaɣza'lı]

28. Stad. Het leven in de stad

stad (de)	şəhər	[ʃæ'hær]
hoofdstad (de)	paytaxt	[paj'taχt]
dorp (het)	kənd	['kænd]

plattegrond (de)	şəhərin planı	[ʃæhæ'rin pla'nı]
centrum (ov. een stad)	şəhərin mərkəzi	[ʃæhæ'rin mærkæ'zi]
voorstad (de)	şəhərətrafı qəsəbə	[ʃæhærætra'fı gæsæ'bæ]
voorstads- (abn)	şəhərətrafı	[ʃæhærætra'fı]

randgemeente (de)	kənar	[kæ'nar]
omgeving (de)	ətraf yerlər	[æt'raf ɛr'lɛr]
blok (huizenblok)	məhəllə	[mæhæl'læ]
woonwijk (de)	yaşayış məhəlləsi	[jaʃa'jıʃ mæhællæ'si]

verkeer (het)	hərəkət	[hæræ'kæt]
verkeerslicht (het)	svetofor	[svɛto'for]
openbaar vervoer (het)	şəhər nəqliyyatı	[ʃæ'hær næglia'tı]
kruispunt (het)	dörd yol ağzı	[dørd 'jol a'ɣzı]

zebrapad (oversteekplaats)	keçid	[kɛ'ʧid]
onderdoorgang (de)	yeraltı keçid	[ɛral'tı kɛ'ʧid]
oversteken (de straat ~)	keçmək	[kɛʧ'mæk]
voetganger (de)	piyada gedən	[pija'da gɛ'dæn]
trottoir (het)	küçə səkisi	[ky'ʧæ sæki'si]

brug (de)	körpü	[kør'py]
dijk (de)	sahil küçəsi	[sa'hil kyʧæ'si]
fontein (de)	fəvvarə	['fævva'ræ]

allee (de)	xiyaban	[χija'ban]
park (het)	park	['park]
boulevard (de)	bulvar	[bul'var]
plein (het)	meydan	[mɛj'dan]
laan (de)	prospekt	[pros'pɛkt]
straat (de)	küçə	[ky'ʧæ]
zijstraat (de)	döngə	[dø'ngæ]
doodlopende straat (de)	dalan	[da'lan]

huis (het)	ev	['ɛv]
gebouw (het)	bina	[bi'na]
wolkenkrabber (de)	göydələn	[gøjdæ'læn]

gevel (de)	fasad	[fa'sad]
dak (het)	dam	['dam]
venster (het)	pəncərə	[pændʒˡæ'ræ]
boog (de)	arka	['arka]
pilaar (de)	sütun	[sy'tun]
hoek (ov. een gebouw)	tin	['tin]

vitrine (de)	vitrin	[vit'rin]
gevelreclame (de)	lövhə	[løv'hæ]
affiche (de/het)	afişa	[a'fiʃa]
reclameposter (de)	reklam plakatı	[rɛk'lam plaka'tı]

aanplakbord (het)	reklam lövhəsi	[rɛk'lam løvhæ'si]
vuilnis (de/het)	tullantılar	[tullantı'lar]
vuilnisbak (de)	urna	['urna]
afval weggooien (ww)	zibilləmək	[zibillæ'mæk]
stortplaats (de)	zibil tökülən yer	[zi'bil tøky'læn 'ɛr]

telefooncel (de)	telefon budkası	[tɛlɛ'fon budka'sı]
straatlicht (het)	fənərli dirək	[fænær'li di'ræk]
bank (de)	skamya	[skam'ja]

politieagent (de)	polis işçisi	[po'lis iʧi'si]
politie (de)	polis	[po'lis]
zwerver (de)	dilənçi	[dilæn'ʧi]
dakloze (de)	evsiz-eşiksiz	[ɛv'siz æʃik'siz]

29. Stedelijke instellingen

winkel (de)	mağaza	[ma'ɣaza]
apotheek (de)	aptek	[ap'tɛk]
optiek (de)	optik cihazlar	[op'tik ʤ'ihaz'lar]
winkelcentrum (het)	ticarət mərkəzi	[tidʒ'a'ræt mærkæ'zi]
supermarkt (de)	supermarket	[supɛr'markɛt]

bakkerij (de)	çörəkçixana	[ʧœrækʧiχa'na]
bakker (de)	çörəkçi	['ʧœræk'ʧi]
banketbakkerij (de)	şirniyyat mağazası	[ʃirni'at ma'ɣazası]
kruidenier (de)	bakaleya mağazası	[baka'lɛja ma'ɣazası]
slagerij (de)	ət dükanı	['æt dyka'nı]

| groentewinkel (de) | tərəvəz dükanı | [tæræ'væz dyka'nı] |
| markt (de) | bazar | [ba'zar] |

koffiehuis (het)	kafe	[ka'fɛ]
restaurant (het)	restoran	[rɛsto'ran]
bar (de)	pivəxana	[pivæχa'na]
pizzeria (de)	pitseriya	[pitsɛ'rija]

kapperssalon (de/het)	bərbərxana	[bærbærχa'na]
postkantoor (het)	poçt	['potʃt]
stomerij (de)	kimyəvi təmizləmə	[kimjæ'vi tæmizlæ'mæ]
fotostudio (de)	fotoatelye	[fotoatɛ'ljɛ]

schoenwinkel (de)	ayaqqabı mağazası	[ajakka'bı ma'ɣazası]
boekhandel (de)	kitab mağazası	[ki'tap ma'ɣazası]
sportwinkel (de)	idman malları mağazası	[id'man malla'rı ma'ɣazası]

kledingreparatie (de)	paltarların təmiri	[paltarla'rın tæmi'ri]
kledingverhuur (de)	paltarların kirayəsi	[paltarla'rın kirajæ'si]
videotheek (de)	filmlərin kirayəsi	[filmlæ'rin kirajæ'si]

circus (de/het)	sirk	['sirk]
dierentuin (de)	heyvanat parkı	[hɛjva'nat par'kı]
bioscoop (de)	kinoteatr	[kinotɛ'atr]
museum (het)	muzey	[mu'zɛj]

bibliotheek (de)	kitabxana	[kitapχa'na]
theater (het)	teatr	[tɛ'atr]
opera (de)	opera	['opɛra]
nachtclub (de)	gecə klubu	[gɛ'dʒʲæ klʲu'bu]
casino (het)	kazino	[kazi'no]

moskee (de)	məsçid	[mæs'tʃid]
synagoge (de)	sinaqoq	[sina'goh]
kathedraal (de)	baş kilsə	['baʃ kil'sæ]
tempel (de)	məbəd	[mæ'bæd]
kerk (de)	kilsə	[kil'sæ]

instituut (het)	institut	[insti'tut]
universiteit (de)	universitet	[univɛrsi'tɛt]
school (de)	məktəb	[mæk'tæp]

gemeentehuis (het)	prefektura	[prɛfɛk'tura]
stadhuis (het)	bələdiyyə	[bælædi'æ]
hotel (het)	mehmanxana	[mɛhmanχa'na]
bank (de)	bank	['bank]

ambassade (de)	səfirlik	[sæfir'lik]
reisbureau (het)	turizm agentliyi	[tu'rizm agɛntli'jɪ]
informatieloket (het)	məlumat bürosu	[mælʲu'mat byro'su]
wisselkantoor (het)	mübadilə məntəqəsi	[mybadi'læ mæntægæ'si]

| metro (de) | metro | [mɛt'ro] |
| ziekenhuis (het) | xəstəxana | [χæstæχa'na] |

| benzinestation (het) | yanacaq doldurma məntəqəsi | [jana'dʒʲah doldur'ma mæntægæ'si] |
| parking (de) | avtomobil dayanacağı | [avtomo'bil dajanadʒʲa'χɪ] |

30. Borden

gevelreclame (de)	lövhə	[løv'hæ]
opschrift (het)	yazı	[ja'zɪ]
poster (de)	plakat	[pla'kat]
wegwijzer (de)	göstərici	[gøstɛri'dʒʲi]
pijl (de)	göstərici əqrəb	[gøstɛri'dʒʲi æg'ræp]

waarschuwing (verwittiging)	xəbərdarlıq	[χæbærdar'lıh]
waarschuwingsbord (het)	xəbərdarlıq	[χæbærdar'lıh]
waarschuwen (ww)	xəbərdarlıq etmək	[χæbærdar'lıh ɛt'mæk]

vrije dag (de)	istirahət günü	[istira'hæt gy'ny]
dienstregeling (de)	cədvəl	[dʒʲæd'væl]
openingsuren (mv.)	iş saatları	['iʃ saatla'rı]

WELKOM!	XOŞ GƏLMİŞSİNİZ!	['χoʃ gæl'miʃsiniz]
INGANG	GİRİŞ	[gi'riʃ]
UITGANG	ÇIXIŞ	[tʃı'χıʃ]
DUWEN	ÖZÜNDƏN	[øzyn'dæn]
TREKKEN	ÖZÜNə TƏRƏF	[øzy'næ tæ'ræf]

| OPEN | AÇIQDIR | [a'tʃɪgdɪr] |
| GESLOTEN | BAĞLIDIR | [ba'ɣlɪdɪr] |

| DAMES | QADINLAR ÜÇÜN | [gadın'lar ju'tʃun] |
| HEREN | KİŞİLƏR ÜÇÜN | [kiʃi'lær ju'tʃun] |

KORTING	ENDİRİMLƏR	[ɛndirim'lær]
UITVERKOOP	ENDİRİMLİ SATIŞ	[ɛndirim'li sa'tɪʃ]
NIEUW!	YENİ MAL!	[ɛ'ni 'mal]
GRATIS	PULSUZ	[pul'suz]

PAS OP!	DİQQƏT!	[dik'kæt]
VOLGEBOEKT	BOŞ YER YOXDUR	['boʃ 'ɛr 'joχdur]
GERESERVEERD	SİFARİŞ EDİLİB	[sifa'riʃ ɛdi'lip]

| ADMINISTRATIE | MÜDİRİYYƏT | [mydiri'æt] |
| ALLEEN VOOR PERSONEEL | YALNIZ İŞÇİLƏR ÜÇÜN | ['jalnız iʃtʃi'lær ju'tʃun] |

GEVAARLIJKE HOND	TUTAĞAN İT	[tuta'ɣan 'it]
VERBODEN TE ROKEN!	SİQARET ÇƏKMƏYİN!	[siga'rɛt 'tʃækmæjın]
NIET AANRAKEN!	ƏL VURMAYIN!	['æl 'vurmajın]

GEVAARLIJK	TƏHLÜKƏLİDİR	[tæhlykæ'lidir]
GEVAAR	TƏHLÜKƏ	[tæhly'kæ]
HOOGSPANNING	YÜKSƏK GƏRGİNLİK	[jyk'sæk gærgin'lik]
VERBODEN TE ZWEMMEN	ÇİMMƏK QADAĞANDIR	[tʃim'mæk gada'ɣandır]
BUITEN GEBRUIK	İŞLƏMİR	[iʃ'læmir]

ONTVLAMBAAR	ODDAN TƏHLÜKƏLİDİR	[od'dan tæhlykæ'lidir]
VERBODEN	QADAĞANDIR	[gada'ɣandır]
DOORGANG VERBODEN	KEÇMƏK QADAĞANDIR	[kɛtʃ'mæk gada'ɣandır]
OPGELET PAS GEVERFD	RƏNGLƏNİB	[rænglæ'nip]

31. Winkelen

kopen (ww)	almaq	[al'mah]
aankoop (de)	satın alınmış şey	[sa'tın alın'mıʃ 'ʃɛj]
winkelen (ww)	alış-veriş etmək	[a'lıʃ vɛ'riʃ æt'mæk]
winkelen (het)	şoppinq	['ʃoppinh]

| open zijn (ov. een winkel, enz.) | işləmək | [iʃlæ'mæk] |
| gesloten zijn (ww) | bağlanmaq | [baɣlan'mah] |

schoeisel (het)	ayaqqabı	[ajakka'bı]
kleren (mv.)	geyim	[gɛ'jım]
cosmetica (de)	kosmetika	[kos'mɛtika]
voedingswaren (mv.)	ərzaq	[ær'zah]
geschenk (het)	hədiyyə	[hædi'æ]

verkoper (de)	satıcı	[satı'dʒ̊ı]
verkoopster (de)	satıcı qadın	[satı'dʒ̊ı ga'dın]
kassa (de)	kassa	['kassa]

spiegel (de)	güzgü	[gyz'gy]
toonbank (de)	piştaxta	[piʃtaχ'ta]
paskamer (de)	paltarı ölçüb baxmaq üçün yer	[palta'rı øl'ʧup baχ'mah ju'ʧun 'ɛr]

aanpassen (ww)	paltarı ölçüb baxmaq	[palta'rı øl'ʧup baχ'mah]
passen (ov. kleren)	münasib olmaq	[myna'sip ol'mah]
bevallen (prettig vinden)	xoşuna gəlmək	[χoʃu'na gæl'mæk]

prijs (de)	qiymət	[gij'mæt]
prijskaartje (het)	qiymət yazılan birka	[gij'mæt jazı'lan 'birka]
kosten (ww)	qiyməti olmaq	[gijmæ'ti ol'mah]
Hoeveel?	Neçəyədir?	[nɛʧæ'jædir]
korting (de)	endirim	[ɛndi'rim]

niet duur (bn)	baha olmayan	[ba'ha 'olmajan]
goedkoop (bn)	ucuz	[u'ʤyz]
duur (bn)	bahalı	[baha'lı]
Dat is duur.	Bu, bahadır.	['bu ba'hadır]

verhuur (de)	kirayə	[kira'jæ]
huren (smoking, enz.)	kirayəyə götürmək	[kirajæ'jæ gøtyr'mæk]
krediet (het)	kredit	[krɛ'dit]
op krediet (bw)	kreditlə almaq	[krɛ'ditlæ al'mah]

KLEDING EN ACCESSOIRES

32. Bovenkleding. Jassen

kleren (mv.), kleding (de)	geyim	[gɛ'jɪm]
bovenkleding (de)	üst geyim	['just gɛ'jɪm]
winterkleding (de)	qış paltarı	['gɪʃ palta'rɪ]
jas (de)	palto	[pal'to]
bontjas (de)	kürk	['kyrk]
bontjasje (het)	yarımkürk	[jarɪm'kyrk]
donzen jas (de)	pərğu geyim	[pær'ɣu gɛ'jɪm]
jasje (bijv. een leren ~)	gödəkcə	[gødæk'tʃæ]
regenjas (de)	plaş	['plaʃ]
waterdicht (bn)	su buraxmayan	['su bu'raxmajan]

33. Heren & dames kleding

overhemd (het)	köynək	[køj'næk]
broek (de)	şalvar	[ʃal'var]
jeans (de)	cins	['dʒins]
colbert (de)	pencək	[pɛn'dʒæk]
kostuum (het)	kişi üçün kostyum	[ki'ʃi ju'tʃun kos'tʲum]
jurk (de)	don	['don]
rok (de)	yubka	[yb'ka]
blouse (de)	bluzka	[blʲuz'ka]
wollen vest (de)	yun kofta	['jun kof'ta]
blazer (kort jasje)	jaket	[ʒa'kɛt]
T-shirt (het)	futbolka	[futbol'ka]
shorts (mv.)	şort	['ʃort]
trainingspak (het)	idman paltarı	[id'man palta'rɪ]
badjas (de)	hamam xələti	[ha'mam χælæ'ti]
pyjama (de)	pijama	[pi'ʒama]
sweater (de)	sviter	['svitɛr]
pullover (de)	pulover	[pulo'vɛr]
gilet (het)	jilet	[ʒi'lɛt]
rokkostuum (het)	frak	['frak]
smoking (de)	smokinq	['smokinh]
uniform (het)	forma	['forma]
werkkleding (de)	iş paltarı	['iʃ palta'rɪ]
overall (de)	kombinezon	[kombinɛ'zon]
doktersjas (de)	həkim xələti	[hæ'kim χælæ'ti]

34. Kleding. Ondergoed

ondergoed (het)	alt paltarı	['alt palta'rı]
onderhemd (het)	mayka	[maj'ka]
sokken (mv.)	corab	[ʤ'o'rap]

nachthemd (het)	gece köyneyi	[gɛ'ʤ'æ køjnæ'jı]
beha (de)	büsthalter	[byst'haltɛr]
kniekousen (mv.)	golf corab	['golf ʤ'o'rap]
panty (de)	kolqotka	[kolgot'ka]
nylonkousen (mv.)	uzun corab	[u'zun ʤ'o'rap]
badpak (het)	çimme paltarı	[ʧim'mæ palta'rı]

35. Hoofddeksels

hoed (de)	papaq	[pa'pah]
deukhoed (de)	şlyapa	['ʃlʲapa]
honkbalpet (de)	beysbol papağı	[bɛjs'bol papa'ɣı]
kleppet (de)	kepka	[kɛp'ka]

baret (de)	beret	[bɛ'rɛt]
kap (de)	kapyuşon	[kapy'ʃon]
panamahoed (de)	panama	[pa'nama]
gebreide muts (de)	yun papaq	['jun pa'pah]

hoofddoek (de)	baş örtüyü	['baʃ ørty'ju]
dameshoed (de)	kiçik şlyapa	[ki'ʧik 'ʃlʲapa]

veiligheidshelm (de)	kaska	[kas'ka]
veldmuts (de)	pilot papağı	[pi'lot papa'ɣı]
helm, valhelm (de)	debilqe	[dæbil'gæ]

bolhoed (de)	kotelok	[kotɛ'lok]
hoge hoed (de)	silindr	[si'lindr]

36. Schoeisel

schoeisel (het)	ayaqqabı	[ajakka'bı]
schoenen (mv.)	botinka	[botin'ka]
vrouwenschoenen (mv.)	tufli	[tuf'li]
laarzen (mv.)	uzunboğaz çekme	[uzunbo'ɣaz ʧæk'mæ]
pantoffels (mv.)	şap-şap	['ʃap 'ʃap]

sportschoenen (mv.)	krossovka	[kros'sovka]
sneakers (mv.)	ket	['kɛt]
sandalen (mv.)	sendel	[sæn'dæl]

schoenlapper (de)	çekmeçi	[ʧækmæ'ʧi]
hiel (de)	daban	[da'ban]
paar (een ~ schoenen)	tay	['taj]
veter (de)	qaytan	[gaj'tan]

rijgen (schoenen ~)	qaytanlamaq	[gajtanla'mah]
schoenlepel (de)	dabançəkən	[dabantʃæ'kæn]
schoensmeer (de/het)	ayaqqabı kremi	[ajakka'bı krɛ'mi]

37. Persoonlijke accessoires

handschoenen (mv.)	əlcək	[æl'dʒʲæk]
wanten (mv.)	təkbarmaq əlcək	[tækbar'mah æl'dʒʲæk]
sjaal (fleece ~)	şərf	['ʃærf]

bril (de)	eynək	[ɛj'næk]
brilmontuur (het)	çərçivə	[tʃærtʃi'væ]
paraplu (de)	çətir	[tʃæ'tir]
wandelstok (de)	əl ağacı	['æl aɣa'dʒʲı]
haarborstel (de)	şaç şotkası	['satʃ ʃotka'sı]
waaier (de)	yelpik	[ɛl'pik]

das (de)	qalstuk	['galstuk]
strikje (het)	kəpənək qalstuk	[kæpæ'næk 'galstuk]
bretels (mv.)	çiyinbağı	[tʃijınba'ɣı]
zakdoek (de)	cib dəsmalı	['dʒʲip dæsma'lı]

kam (de)	daraq	[da'rah]
haarspeldje (het)	baş sancağı	['baʃ sandʒʲa'ɣı]
schuifspeldje (het)	baş sancağı	['baʃ sandʒʲa'ɣı]
gesp (de)	toqqa	[tok'ka]

| broekriem (de) | kəmər | [kæ'mær] |
| draagriem (de) | kəmərcik | [kæmær'dʒʲik] |

handtas (de)	çanta	[tʃan'ta]
damestas (de)	qadın cantası	[ga'dın tʃanta'sı]
rugzak (de)	arxa çantası	[ar'χa tʃanta'sı]

38. Kleding. Diversen

mode (de)	moda	['moda]
de mode (bn)	dəbdə olan	[dæb'dæ o'lan]
kledingstilist (de)	modelçi	[modɛl'tʃi]

kraag (de)	yaxalıq	[jaχa'lıh]
zak (de)	cib	['dʒʲip]
zak- (abn)	cib	['dʒʲip]
mouw (de)	qol	['gol]
lusje (het)	ilmə asqı	[ilʲ'mæ as'gı]
gulp (de)	miyança	[mijan'tʃa]

rits (de)	zəncir-bənd	[zɛn'dʒʲir 'bænd]
sluiting (de)	bənd	['bænd]
knoop (de)	düymə	[dyj'mæ]
knoopsgat (het)	ilmə	[ilʲ'mæ]
losraken (bijv. knopen)	qopmaq	[gop'mah]

44

naaien (kleren, enz.)	tikmək	[tik'mæk]
borduren (ww)	naxış tikmək	[na'χıʃ tik'mæk]
borduursel (het)	naxış	[na'χıʃ]
naald (de)	iynə	[ij'næ]
draad (de)	sap	['sap]
naad (de)	tikiş	[ti'kiʃ]

vies worden (ww)	çirklənmək	[ʧirklæn'mæk]
vlek (de)	ləkə	[læ'kæ]
gekreukt raken (ov. kleren)	əzilmək	[æzil'mæk]
scheuren (ov.ww.)	cırmaq	[ʤ'ır'mah]
mot (de)	güvə	[gy'væ]

39. Persoonlijke verzorging. Schoonheidsmiddelen

tandpasta (de)	diş məcunu	['diʃ mædʒy'nu]
tandenborstel (de)	diş fırçası	['diʃ fırʧa'sı]
tanden poetsen (ww)	dişləri fırçalamaq	[diʃlæ'ri fırʧala'mah]

scheermes (het)	ülgüc	[yli'gyʤi]
scheerschuim (het)	üz qırxmaq üçün krem	['juz gırχ'mah ju'ʧun 'krɛm]
zich scheren (ww)	üzünü qırxmaq	[yzy'ny gırχ'mah]

zeep (de)	sabun	[sa'bun]
shampoo (de)	şampun	[ʃam'pun]

schaar (de)	qayçı	[gaj'ʧı]
nagelvijl (de)	dırnaq üçün kiçik bıçqı	[dır'nah ju'ʧun ki'ʧik bıʧ'gı]
nagelknipper (de)	dırnaq üçün kiçik kəlbətin	[dır'nah ju'ʧun ki'ʧik kælbæ'tin]
pincet (het)	maqqaş	[mak'kaʃ]

cosmetica (de)	kosmetika	[kos'mɛtika]
masker (het)	maska	[mas'ka]
manicure (de)	manikür	[mani'kyr]
manicure doen	manikür etmək	[mani'kyr ɛt'mæk]
pedicure (de)	pedikür	[pɛdi'kyr]

cosmetica tasje (het)	kosmetika üçün kiçik çanta	[kos'mɛtika ju'ʧun ki'ʧik ʧan'ta]
poeder (de/het)	pudra	[pud'ra]
poederdoos (de)	pudra qabı	[pud'ra ga'bı]
rouge (de)	ənlik	[æn'lik]

parfum (de/het)	ətir	[æ'tir]
eau de toilet (de)	ətirli su	[ætir'li 'su]
lotion (de)	losyon	[lo'sjon]
eau de cologne (de)	odekolon	[odɛko'lon]

oogschaduw (de)	göz ətrafına sürülən boyalar	[gøz ætrafı'na syry'læn boja'lar]
oogpotlood (het)	göz üçün karandaş	[gøz ju'ʧun karan'daʃ]
mascara (de)	kirpik üçün tuş	[kir'pik ju'ʧun 'tuʃ]
lippenstift (de)	dodaq boyası	[do'dah boja'sı]

nagellak (de)	dırnaq üçün lak	[dır'nah ju'tʃun 'lak]
haarlak (de)	saç üçün lak	['satʃ ju'tʃun 'lak]
deodorant (de)	dezodorant	[dɛzodo'rant]

crème (de)	krem	['krɛm]
gezichtscrème (de)	üz kremi	['juz krɛ'mi]
handcrème (de)	əl kremi	['æl krɛ'mi]
antirimpelcrème (de)	qırışığa qarşı krem	[gırıʃı'ɣa gar'ʃı 'krɛm]
dagcrème (de)	gündüz kremi	[gyn'dyz krɛ'mi]
nachtcrème (de)	gecə kremi	[gɛ'dʒ'æ krɛ'mi]

tampon (de)	tampon	[tam'pon]
toiletpapier (het)	tualet kağızı	[tua'lɛt kʲaɣı'zı]
föhn (de)	fen	['fɛn]

40. Horloges. Klokken

polshorloge (het)	qol saatı	[gol saa'tı]
wijzerplaat (de)	siferblat	[sifɛrb'lat]
wijzer (de)	əqrəb	[æg'ræp]
metalen horlogeband (de)	saat bilərziyi	[sa'at bilærzi'jı]
horlogebandje (het)	qayış	[ga'jıʃ]

batterij (de)	batareya	[bata'rɛja]
leeg zijn (ww)	sıradan çıxmaq	[sıra'dan tʃıx'mah]
batterij vervangen	batareyanı dəyişmək	[bata'rɛjanı dæjıʃ'mæk]
voorlopen (ww)	irəli getmək	[iræ'li gɛt'mæk]
achterlopen (ww)	geri qalmaq	[gɛ'ri gal'mah]

wandklok (de)	divar saatı	[di'var saa'tı]
zandloper (de)	qum saatı	['gum saa'tı]
zonnewijzer (de)	günəş saatı	[gy'næʃ saa'tı]
wekker (de)	zəngli saat	[zæng'li sa'at]
horlogemaker (de)	saatsaz	[saa'tsaz]
repareren (ww)	təmir etmək	[tæ'mir ɛt'mæk]

ALLEDAAGSE ERVARING

41. Geld

geld (het)	pul	['pul]
ruil (de)	mübadilə	[mybadi'læ]
koers (de)	kurs	['kurs]
geldautomaat (de)	bankomat	[banko'mat]
muntstuk (de)	pul	['pul]
dollar (de)	dollar	['dollar]
euro (de)	yevro	['ɛvro]
lire (de)	lira	['lira]
Duitse mark (de)	marka	[mar'ka]
frank (de)	frank	['frank]
pond sterling (het)	funt sterling	['funt 'stɛrlinh]
yen (de)	yena	['jɛna]
schuld (geldbedrag)	borc	['bordʒʲ]
schuldenaar (de)	borclu	[bordʒʲ'lʲu]
uitlenen (ww)	borc vermək	['bordʒʲ vɛr'mæk]
lenen (geld ~)	borc almaq	['bordʒʲ al'mah]
bank (de)	bank	['bank]
bankrekening (de)	hesab	[hɛ'sap]
op rekening storten	hesaba yatırmaq	[hɛsa'ba jatır'mah]
opnemen (ww)	hesabdan pul götürmək	[hɛsab'dan 'pul gøtyr'mæk]
kredietkaart (de)	kredit kartı	[krɛ'dit kar'tı]
baar geld (het)	nəqd pul	['nægd 'pul]
cheque (de)	çek	['tʃɛk]
een cheque uitschrijven	çek yazmaq	['tʃɛk jaz'mah]
chequeboekje (het)	çek kitabçası	['tʃɛk kitaptʃa'sı]
portefeuille (de)	cib kisəsi	['dʒʲip kisæ'si]
geldbeugel (de)	pul kisəsi	['pul kisæ'si]
safe (de)	seyf	['sɛjf]
erfgenaam (de)	vərəsə	[væræ'sæ]
erfenis (de)	miras	[mi'ras]
fortuin (het)	var-dövlət	['var døv'læt]
huur (de)	icarə	[idʒʲa'ræ]
huurprijs (de)	mənzil haqqı	[mæn'zil hak'kı]
huren (huis, kamer)	kirayə etmək	[kira'jæ ɛt'mæk]
prijs (de)	qiymət	[gij'mæt]
kostprijs (de)	qiymət	[gij'mæt]
som (de)	məbləğ	[mæb'læɣ]

uitgeven (geld besteden)	sərf etmək	['særf ɛt'mæk]
kosten (mv.)	xərclər	[xærdʒⁱ'lær]
bezuinigen (ww)	qənaət etmək	[gæna'æt ɛt'mæk]
zuinig (bn)	qənaətcil	[gænaæt'dʒⁱil]

betalen (ww)	pulunu ödəmək	[pulⁱu'nu ødæ'mæk]
betaling (de)	ödəniş	[ødæ'niʃ]
wisselgeld (het)	pulun artığı	[pu'lⁱun artı'ɣı]

belasting (de)	vergi	[vɛr'gi]
boete (de)	cərimə	[dʒⁱæri'mæ]
beboeten (bekeuren)	cərimə etmək	[dʒⁱæri'mæ ɛt'mæk]

42. Post. Postkantoor

postkantoor (het)	poçt binası	['potʃt bina'sı]
post (de)	poçt	['potʃt]
postbode (de)	poçtalyon	[potʃta'lⁱon]
openingsuren (mv.)	iş saatları	['iʃ saatla'rı]

brief (de)	məktub	[mæk'tup]
aangetekende brief (de)	sifarişli məktub	[sifariʃ'li mæk'tup]
briefkaart (de)	poçt kartoçkası	['potʃt kartotʃka'sı]
telegram (het)	teleqram	[tɛlɛg'ram]
postpakket (het)	bağlama	[baɣla'ma]
overschrijving (de)	pul köçürməsi	['pul køtʃurmæ'si]

ontvangen (ww)	almaq	[al'mah]
sturen (zenden)	göndərmək	[gøndær'mæk]
verzending (de)	göndərilmə	[gøndæril'mæ]

adres (het)	ünvan	[yn'van]
postcode (de)	indeks	['indɛks]
verzender (de)	göndərən	[gøndæ'ræn]
ontvanger (de)	alan	[a'lan]

| naam (de) | ad | ['ad] |
| achternaam (de) | soyadı | ['sojadı] |

tarief (het)	tarif	[ta'rif]
standaard (bn)	adi	[a'di]
zuinig (bn)	qənaətə imkan verən	[gænaæ'tæ im'kan vɛ'ræn]

gewicht (het)	çəki	[tʃæ'ki]
afwegen (op de weegschaal)	çəkmək	[tʃæk'mæk]
envelop (de)	zərf	['zærf]
postzegel (de)	marka	[mar'ka]

43. Bankieren

| bank (de) | bank | ['bank] |
| bankfiliaal (het) | şöbə | [ʃo'bæ] |

bankbediende (de)	məsləhətçi	[mæslæhæ'ʧi]
manager (de)	idarə başçısı	[ida'ræ baʃʧı'sı]

bankrekening (de)	hesab	[hɛ'sap]
rekeningnummer (het)	hesab nömrəsi	[hɛ'sap nømræ'si]
lopende rekening (de)	cari hesab	[dʒia'ri hɛ'sap]
spaarrekening (de)	yığılma hesabı	[jıɣıl'ma hɛsa'bı]

een rekening openen	hesab açmaq	[hɛ'sap aʧ'mah]
de rekening sluiten	bağlamaq	[baɣla'mah]
op rekening storten	hesaba yatırmaq	[hɛsa'ba jatır'mah]
opnemen (ww)	hesabdan pul götürmək	[hɛsab'dan 'pul gøtyr'mæk]

storting (de)	əmanet	[æma'næt]
een storting maken	əmanet qoymaq	[æma'næt goj'mah]
overschrijving (de)	köçürmə	[køʧur'mæ]
een overschrijving maken	köçürmə etmək	[køʧur'mæ ɛt'mæk]

som (de)	məbləğ	[mæb'læɣ]
Hoeveel?	Nə qədər?	['næ gæ'dær]

handtekening (de)	imza	[im'za]
ondertekenen (ww)	imzalamaq	[imzala'mah]

kredietkaart (de)	kredit kartı	[krɛ'dit kar'tı]
code (de)	kod	['kod]
kredietkaartnummer (het)	kredit kartının nömrəsi	[krɛ'dit kartı'nın nømræ'si]
geldautomaat (de)	bankomat	[banko'mat]

cheque (de)	çek	['ʧɛk]
een cheque uitschrijven	çek yazmaq	['ʧɛk jaz'mah]
chequeboekje (het)	çek kitabçası	['ʧɛk kitapʧa'sı]

lening, krediet (de)	kredit	[krɛ'dit]
een lening aanvragen	kredit üçün müraciət etmək	[krɛ'dit ju'ʧun myradʒii'æt æt'mæk]
een lening nemen	kredit götürmək	[krɛ'dit gøtyr'mæk]
een lening verlenen	kredit vermək	[krɛ'dit vɛr'mæk]
garantie (de)	qarantiya	[ga'rantija]

44. Telefoon. Telefoongesprek

telefoon (de)	telefon	[tɛlɛ'fon]
mobieltje (het)	mobil telefon	[mo'bil tɛlɛ'fon]
antwoordapparaat (het)	avtomatik cavab verən	[avtoma'tik dʒia'vap vɛ'ræn]

bellen (ww)	zəng etmək	['zæng ɛt'mæk]
belletje (telefoontje)	zəng	['zænh]

een nummer draaien	nömrəni yığmaq	[nømræ'ni jı'ɣmah]
Hallo!	allo!	[al'lo]
vragen (ww)	soruşmaq	[soruʃ'mah]
antwoorden (ww)	cavab vermək	[dʒia'vap vɛr'mæk]
horen (ww)	eşitmək	[ɛʃit'mæk]

49

goed (bw)	yaxşı	[jaχ'ʃı]
slecht (bw)	pis	['pis]
storingen (mv.)	maneələr	[manɛæ'lær]

hoorn (de)	dəstək	[dæs'tæk]
opnemen (ww)	dəstəyi götürmək	[dæstæ'jı gøtyr'mæk]
ophangen (ww)	dəstəyi qoymaq	[dæstæ'jı goj'mah]

bezet (bn)	məşğul	[mæʃ'ɣul]
overgaan (ww)	zəng etmək	['zæng ɛt'mæk]
telefoonboek (het)	telefon kitabçası	[tɛlɛ'fon kitabtʃa'sı]

lokaal (bn)	yerli	[ɛr'li]
interlokaal (bn)	şəhərlərarası	[ʃæhærlærara'sı]
buitenlands (bn)	beynəlxalq	[bɛjnæl'χalh]

45. Mobiele telefoon

mobieltje (het)	mobil telefon	[mo'bil tɛlɛ'fon]
scherm (het)	displey	[disp'lɛj]
toets, knop (de)	düymə	[dyj'mæ]
simkaart (de)	SİM kart	['sim 'kart]

batterij (de)	batareya	[bata'rɛja]
leeg zijn (ww)	boşalmaq	[boʃal'mah]
acculader (de)	elektrik doldurucu cihaz	[ɛlɛkt'rik dolduru'ʤy ʤi'haz]

menu (het)	menyu	[mɛ'nju]
instellingen (mv.)	sazlamalar	[sazlama'lar]
melodie (beltoon)	melodiya	[mɛ'lodija]
selecteren (ww)	seçmək	[sɛtʃ'mæk]

rekenmachine (de)	kalkulyator	[kaľku'ľator]
voicemail (de)	avtomatik cavab verən	[avtoma'tik ʤ'a'vap vɛ'ræn]
wekker (de)	zəngli saat	[zæng'li sa'at]
contacten (mv.)	telefon kitabçası	[tɛlɛ'fon kitabtʃa'sı]

| SMS-bericht (het) | SMS-xəbər | [ɛsɛ'mɛs χæ'bær] |
| abonnee (de) | abunəçi | [abunæ'tʃi] |

46. Schrijfbehoeften

| balpen (de) | diyircəkli avtoqələm | [dijırʤ'æk'li avtogæ'læm] |
| vulpen (de) | ucluğu olan qələm | [uʤyľu'ɣu o'lan gæ'læm] |

potlood (het)	karandaş	[karan'daʃ]
marker (de)	markyor	[mar'k'or]
viltstift (de)	flomaster	[flo'mastɛr]

notitieboekje (het)	bloknot	[blok'not]
agenda (boekje)	gündəlik	[gyndæ'lik]
liniaal (de/het)	xətkeş	[χæt'kɛʃ]

rekenmachine (de)	kalkulyator	[kalʲku'lʲator]
gom (de)	pozan	[po'zan]
punaise (de)	basmadüymə	[basmadyj'mæ]
paperclip (de)	qısqac	[gɪs'gadʒ]
lijm (de)	yapışqan	[japɪʃ'gan]
nietmachine (de)	stepler	['stɛplɛr]
perforator (de)	deşikaçan	[dɛʃika'tʃan]
potloodslijper (de)	qələm yonan	[gæ'læm jo'nan]

47. Vreemde talen

taal (de)	dil	['dil]
vreemde taal (de)	xarici dil	[χari'dʒi dil]
leren (bijv. van buiten ~)	öyrənmək	[øjræn'mæk]
studeren (Nederlands ~)	öyrənmək	[øjræn'mæk]
lezen (ww)	oxumaq	[oχu'mah]
spreken (ww)	danışmaq	[danɪʃ'mah]
begrijpen (ww)	başa düşmək	[ba'ʃa dyʃ'mæk]
schrijven (ww)	yazmaq	[jaz'mah]
snel (bw)	cəld	['dʒʲæld]
langzaam (bw)	yavaş	[ja'vaʃ]
vloeiend (bw)	sərbəst	[sær'bæst]
regels (mv.)	qaydalar	[gajda'lar]
grammatica (de)	qrammatika	[gram'matika]
vocabulaire (het)	leksika	['lɛksika]
fonetiek (de)	fonetika	[fo'nɛtika]
leerboek (het)	dərslik	[dærs'lik]
woordenboek (het)	lüğet	[ly'ɣæt]
leerboek (het) voor zelfstudie	rəhbər	[ræh'bær]
taalgids (de)	danışıq kitabı	[danɪ'ʃɪh kita'bɪ]
cassette (de)	kasset	[kas'sɛt]
videocassette (de)	video kasset	['vidɛo kas'sɛt]
CD (de)	SD diski	[si'di dis'ki]
DVD (de)	DVD	[divi'di]
alfabet (het)	əlifba	[ælif'ba]
spellen (ww)	hərf-hərf danışmaq	['hærf 'hærf danɪʃ'mah]
uitspraak (de)	tələffüz	[tælæf'fyz]
accent (het)	aksent	[ak'sɛnt]
met een accent (bw)	aksentlə danışmaq	[ak'sɛntlæ danɪʃ'mah]
zonder accent (bw)	aksentsiz danışmaq	[aksɛn'tsiz danɪʃ'mah]
woord (het)	söz	['søz]
betekenis (de)	məna	[mæ'na]
cursus (de)	kurslar	[kurs'lar]
zich inschrijven (ww)	yazılmaq	[jazɪl'mah]

leraar (de)	müəllim	[myæl'lim]
vertaling (een ~ maken)	tərcümə	[tærdʒy'mæ]
vertaling (tekst)	tərcümə	[tærdʒy'mæ]
vertaler (de)	tərcüməçi	[tærdʒymæ'ʧi]
tolk (de)	tərcüməçi	[tærdʒymæ'ʧi]
polyglot (de)	poliqlot	[polig'lot]
geheugen (het)	yaddaş	[jad'daʃ]

MAALTIJDEN. RESTAURANT

48. Tafelschikking

lepel (de)	qaşıq	[ga'ʃıh]
mes (het)	bıçaq	[bɪ'ʧah]
vork (de)	çəngəl	[ʧæ'ngæl]
kopje (het)	fincan	[fin'ʤıan]
bord (het)	boşqab	[boʃgap]
schoteltje (het)	nəlbəki	[nælbæ'ki]
servet (het)	salfetka	[salfɛt'ka]
tandenstoker (de)	dişqurdalayan	[diʃgurdala'jan]

49. Restaurant

restaurant (het)	restoran	[rɛsto'ran]
koffiehuis (het)	qəhvəxana	[gæhvæχa'na]
bar (de)	bar	['bar]
tearoom (de)	çay salonu	['ʧaj salo'nu]
kelner, ober (de)	ofisiant	[ofisi'ant]
serveerster (de)	ofisiant qız	[ofisi'ant 'gız]
barman (de)	barmen	['barmɛn]
menu (het)	menyu	[mɛ'nju]
wijnkaart (de)	çaxırlar kartı	[ʧaχır'lar kar'tı]
een tafel reserveren	masa sifarişi etmək	[ma'sa sifa'riʃ ɛt'mæk]
gerecht (het)	yemək	[ɛ'mæk]
bestellen (eten ~)	yemək sifarişi etmək	[ɛ'mæk sifa'riʃ æt'mæk]
een bestelling maken	sifariş etmək	[sifa'riʃ ɛt'mæk]
aperitief (de/het)	aperitiv	[apɛri'tiv]
voorgerecht (het)	qəlyanaltı	[gæ'ljanaltı]
dessert (het)	desert	[dɛ'sɛrt]
rekening (de)	hesab	[hɛ'sap]
de rekening betalen	hesabı ödəmək	[hɛsa'bı ødæ'mæk]
wisselgeld teruggeven	pulun artığını qaytarmaq	[pu' lʲun artıχı'nı gajtar'mah]
fooi (de)	çaypulu	[ʧajpu'lʲu]

50. Maaltijden

eten (het)	yemək	[ɛ'mæk]
eten (ww)	yemək	[ɛ'mæk]

ontbijt (het)	səhər yeməyi	[sæ'hær ɛmɛ'jɪ]
ontbijten (ww)	səhər yeməyi yemək	[sæ'hær ɛmæ'jɪ ɛ'mæk]
lunch (de)	nahar	[na'har]
lunchen (ww)	nahar etmək	[na'har ɛt'mæk]
avondeten (het)	axşam yeməyi	[aχ'ʃam ɛmɛ'jɪ]
souperen (ww)	axşam yeməyi yemək	[aχ'ʃam ɛmæ'jɪ ɛ'mæk]

eetlust (de)	iştaha	[iʃta'ha]
Eet smakelijk!	Nuş olsun!	['nuʃ ol'sun]

openen (een fles ~)	açmaq	[atʃ'mah]
morsen (koffie, enz.)	tökmək	[tøk'mæk]
zijn gemorst	tökülmək	[tøkyl'mæk]

koken (water kookt bij 100°C)	qaynamaq	[gajna'mah]
koken (Hoe om water te ~)	qaynatmaq	[gajnat'mah]
gekookt (~ water)	qatnamış	[gajna'mɪʃ]
afkoelen (koeler maken)	soyutmaq	[sojut'mah]
afkoelen (koeler worden)	soyumaq	[soju'mah]

smaak (de)	dad	['dad]
nasmaak (de)	dad	['dad]

volgen een dieet	pəhriz saxlamaq	[pæh'riz saχla'mah]
dieet (het)	pəhriz	[pæh'riz]
vitamine (de)	vitamin	[vita'min]
calorie (de)	kaloriya	[ka'lorija]
vegetariër (de)	ət yeməyən adam	['æt 'ɛmæjæn a'dam]
vegetarisch (bn)	ətsiz xörək	[æ'tsiz χø'ræk]

vetten (mv.)	yağlar	[ja'ɣlar]
eiwitten (mv.)	zülallar	[zylal'lar]
koolhydraten (mv.)	karbohidratlar	[karbohidrat'lar]
snede (de)	dilim	[di'lim]
stuk (bijv. een ~ taart)	tikə	[ti'kæ]
kruimel (de)	qırıntı	[gɪrɪn'tɪ]

51. Bereide gerechten

gerecht (het)	yemək	[ɛ'mæk]
keuken (bijv. Franse ~)	mətbəx	[mæt'bæχ]
recept (het)	resept	[rɛ'sɛpt]
portie (de)	porsiya	['porsija]

salade (de)	salat	[sa'lat]
soep (de)	şorba	[ʃor'ba]

bouillon (de)	ətin suyu	[æ'tin su'ju]
boterham (de)	buterbrod	[butɛr'brod]
spiegelei (het)	qayqanaq	[gajga'nah]

hamburger (de)	hamburqer	['hamburgɛr]
biefstuk (de)	bifşteks	[bifʃ'tɛks]
garnering (de)	qarnir	[gar'nir]

spaghetti (de)	spaqetti	[spa'gɛtti]
aardappelpuree (de)	kartof püresi	[kar'tof pyrɛ'si]
pizza (de)	pitsa	['pitsa]
pap (de)	sıyıq	[sɪ'jɪh]
omelet (de)	omlet	[om'lɛt]

gekookt (in water)	bişmiş	[biʃ'miʃ]
gerookt (bn)	hisə verilmiş	[hi'sæ vɛril'miʃ]
gebakken (bn)	qızardılmış	[gızardıl'mıʃ]
gedroogd (bn)	quru	[gu'ru]
diepvries (bn)	dondurulmuş	[dondurul'muʃ]
gemarineerd (bn)	duza qoyulmuş	[du'za gojul'muʃ]

zoet (bn)	şirin	[ʃi'rin]
gezouten (bn)	duzlu	[duz'lʲu]
koud (bn)	soyuq	[so'juh]
heet (bn)	isti	[is'ti]
bitter (bn)	acı	[a'ʤı]
lekker (bn)	dadlı	[dad'lı]

koken (in kokend water)	bişirmək	[biʃir'mæk]
bereiden (avondmaaltijd ~)	hazırlamaq	[hazırla'mah]
bakken (ww)	qızartmaq	[gızart'mah]
opwarmen (ww)	qızdırmaq	[gızdır'mah]

zouten (ww)	duz vurmaq	['duz vur'mah]
peperen (ww)	istiot vurmaq	[isti'ot vur'mah]
raspen (ww)	sürtkəcdə xırdalamaq	[syrtkæʤ'dæ χırdala'mah]
schil (de)	qabıq	[ga'bıh]
schillen (ww)	qabığını soymaq	[gabıyı'nı soj'mah]

52. Voedsel

vlees (het)	ət	['æt]
kip (de)	toyuq	[to'juh]
kuiken (het)	cücə	[ʤy'ʤʲæ]
eend (de)	ördək	[ør'dæk]
gans (de)	qaz	['gaz]
wild (het)	ov quşları və heyvanları	['ov guʃla'rı 'væ hɛjvanla'rı]
kalkoen (de)	hind toyuğu	['hind toju'ɣu]

varkensvlees (het)	donuz əti	[do'nuz æ'ti]
kalfsvlees (het)	dana əti	[da'na æ'ti]
schapenvlees (het)	qoyun əti	[go'jun æ'ti]
rundvlees (het)	mal əti	['mal æ'ti]
konijnenvlees (het)	ev dovşanı	['ɛv dovʃa'nı]

worst (de)	kolbasa	[kolba'sa]
saucijs (de)	sosiska	[sosis'ka]
spek (het)	bekon	['bɛkon]
ham (de)	vetçina	[vɛtʃi'na]
gerookte achterham (de)	donuz budu	[do'nuz bu'du]
paté, pastei (de)	paştet	[paʃ'tɛt]
lever (de)	qara ciyər	[ga'ra ʤʲi'jær]

gehakt (het)	qiymə	[gij'mæ]
tong (de)	dil	['dil]

ei (het)	yumurta	[jumur'ta]
eieren (mv.)	yumurtalar	[jumurta'lar]
eiwit (het)	zülal	[zy'lal]
eigeel (het)	yumurtanın sarısı	[jumurta'nın sarı'sı]

vis (de)	balıq	[ba'lıh]
zeevruchten (mv.)	dəniz məhsulları	[dæ'niz mæhsulla'rı]
kaviaar (de)	kürü	[ky'ry]

krab (de)	qısaquyruq	[gısaguj'ruh]
garnaal (de)	krevet	[krɛ'vɛt]
oester (de)	istridyə	[istri'dʲæ]
langoest (de)	lanqust	[lan'gust]
octopus (de)	səkkizayaqlı ilbiz	[sækkizajag'lı il'biz]
inktvis (de)	kalmar	[kal'mar]

steur (de)	nərə balığı	[næ'ræ balı'ɣı]
zalm (de)	qızılbalıq	[gızılba'lıh]
heilbot (de)	paltus	['paltus]

kabeljauw (de)	treska	[trɛs'ka]
makreel (de)	skumbriya	['skumbrija]
tonijn (de)	tunes	[tu'nɛs]
paling (de)	angvil balığı	[ang'vil balı'ɣı]

forel (de)	alabalıq	[alaba'lıh]
sardine (de)	sardina	[sar'dina]
snoek (de)	durnabalığı	[durnabalı'ɣı]
haring (de)	siyənək	[sijæ'næk]

brood (het)	çörək	[tʃœ'ræk]
kaas (de)	pendir	[pɛn'dir]
suiker (de)	şəkər	[ʃæ'kær]
zout (het)	duz	['duz]

rijst (de)	düyü	[dy'ju]
pasta (de)	makaron	[maka'ron]
noedels (mv.)	əriştə	[æriʃ'tæ]

boter (de)	kərə yağı	[kæ'ræ jaɣı]
plantaardige olie (de)	bitki yağı	[bit'ki ja'ɣı]
zonnebloemolie (de)	günəbaxan yağ	[gynæba'χan jaɣ]
margarine (de)	marqarin	[marga'rin]

olijven (mv.)	zeytun	[zɛj'tun]
olijfolie (de)	zeytun yağı	[zɛj'tun ja'ɣı]

melk (de)	süd	['syd]
gecondenseerde melk (de)	qatılaşdırılmış süd	[gatılaʃdırıl'mıʃ 'syd]
yoghurt (de)	yoqurt	['jogurt]
zure room (de)	xama	[χa'ma]
room (de)	xama	[χa'ma]
mayonaise (de)	mayonez	[majo'nɛz]

crème (de)	krem	['krɛm]
graan (het)	yarma	[jar'ma]
meel (het), bloem (de)	un	['un]
conserven (mv.)	konserv	[kon'sɛrv]

maïsvlokken (mv.)	qarğıdalı yumağı	[garɣıda'lı juma'ɣı]
honing (de)	bal	['bal]
jam (de)	cem	['ʤiɛm]
kauwgom (de)	saqqız	[sak'kız]

53. Drankjes

water (het)	su	['su]
drinkwater (het)	içməli su	[iʧmæ'li 'su]
mineraalwater (het)	mineral su	[minɛ'ral 'su]

zonder gas	qazsız	[gaz'sız]
koolzuurhoudend (bn)	qazlı	[gaz'lı]
bruisend (bn)	qazlı	[gaz'lı]
IJs (het)	buz	['buz]
met ijs	buzlu	[buz'lʲu]

alcohol vrij (bn)	spirtsiz	[spir'tsiz]
alcohol vrije drank (de)	spirtsiz içki	[spir'tsiz iʧ'ki]
frisdrank (de)	sərinləşdirici içki	[særinlæʃdiri'ʤʲi iʧ'ki]
limonade (de)	limonad	[limo'nad]

alcoholische dranken (mv.)	spirtli içkilər	[spirt'li iʧki'lær]
wijn (de)	çaxır	[ʧa'xır]
witte wijn (de)	ağ çaxır	['aɣ ʧa'xır]
rode wijn (de)	qırmızı çaxır	[gırmı'zı ʧa'xır]

likeur (de)	likyor	[li'kʲor]
champagne (de)	şampan	[ʃam'pan]
vermout (de)	vermut	['vɛrmut]

whisky (de)	viski	['viski]
wodka (de)	araq	[a'rah]
gin (de)	cin	['ʤʲin]
cognac (de)	konyak	[ko'njak]
rum (de)	rom	['rom]

koffie (de)	qəhvə	[gæh'væ]
zwarte koffie (de)	qara qəhvə	[ga'ra gæh'væ]
koffie (de) met melk	südlü qəhvə	[syd'ly gæh'væ]
cappuccino (de)	xamalı qəhvə	[χama'lı gæh'væ]
oploskoffie (de)	tez həll olunan qəhvə	['tɛz 'hæll olʲu'nan gæh'væ]

melk (de)	süd	['syd]
cocktail (de)	kokteyl	[kok'tɛjl]
milkshake (de)	südlü kokteyl	[syd'ly kok'tɛjl]

| sap (het) | şirə | [ʃi'ræ] |
| tomatensap (het) | tomat şirəsi | [to'mat ʃiræ'si] |

| sinaasappelsap (het) | portağal şirəsi | [porta'ɣal ʃiræ'si] |
| vers geperst sap (het) | təzə sıxılmış şirə | [tæ'zæ sɪχɪl'mɪʃ ʃi'ræ] |

bier (het)	pivə	[pi'væ]
licht bier (het)	açıq rəngli pivə	[a'ʧɪh ræng'li pi'væ]
donker bier (het)	tünd rəngli pivə	['tynd ræng'li pi'væ]

thee (de)	çay	['ʧaj]
zwarte thee (de)	qara çay	[ga'ra 'ʧaj]
groene thee (de)	yaşıl çay	[ja'ʃɪl 'ʧaj]

54. Groenten

| groenten (mv.) | tərəvəz | [tæræ'væz] |
| verse kruiden (mv.) | göyərti | [gøjær'ti] |

tomaat (de)	pomidor	[pomi'dor]
augurk (de)	xiyar	[χi'jar]
wortel (de)	kök	['køk]
aardappel (de)	kartof	[kar'tof]
ui (de)	soğan	[so'ɣan]
knoflook (de)	sarımsaq	[sarɪm'sah]

kool (de)	kələm	[kæ'læm]
bloemkool (de)	gül kələm	['gylʲ kæ'læm]
spruitkool (de)	Brüssel kələmi	['brysseːl kælæ'mi]
broccoli (de)	brokkoli kələmi	['brokkoli kælæ'mi]
rode biet (de)	çuğundur	[ʧuɣun'dur]
aubergine (de)	badımcan	[badɪm'ʤʲan]
courgette (de)	yunan qabağı	[ju'nan gaba'ɣɪ]
pompoen (de)	balqabaq	[balga'bah]
raap (de)	şalğam	[ʃal'ɣam]

peterselie (de)	petruşka	[pɛtruʃ'ka]
dille (de)	şüyüt	[ʃy'jut]
sla (de)	salat	[sa'lat]
selderij (de)	kərəviz	[kæræ'viz]
asperge (de)	qulançar	[gulan'ʧar]
spinazie (de)	ispanaq	[ispa'nah]
erwt (de)	noxud	[no'χud]
bonen (mv.)	paxla	[paχ'la]
maïs (de)	qarğıdalı	[garɣɪda'lɪ]
boon (de)	lobya	[lo'bja]

peper (de)	bibər	[bi'bær]
radijs (de)	turp	['turp]
artisjok (de)	ənginar	[æŋgi'nar]

55. Vruchten. Noten

| vrucht (de) | meyvə | [mɛj'væ] |
| appel (de) | alma | [al'ma] |

peer (de)	armud	[ar'mud]
citroen (de)	limon	[li'mon]
sinaasappel (de)	portağal	[porta'ɣal]
aardbei (de)	bağ çiyələyi	['baɣ tʃijælæ'jɪ]

mandarijn (de)	mandarin	[manda'rin]
pruim (de)	gavalı	[gava'lɪ]
perzik (de)	şaftalı	[ʃafta'lɪ]
abrikoos (de)	ərik	[æ'rik]
framboos (de)	moruq	[mo'ruh]
ananas (de)	ananas	[ana'nas]

banaan (de)	banan	[ba'nan]
watermeloen (de)	qarpız	[gar'pɪz]
druif (de)	üzüm	[y'zym]
zure kers (de)	albalı	[alba'lɪ]
zoete kers (de)	gilas	[gi'las]
meloen (de)	yemiş	[ɛ'miʃ]

grapefruit (de)	qreypfrut	['grɛjpfrut]
avocado (de)	avokado	[avo'kado]
papaja (de)	papaya	[pa'paja]
mango (de)	manqo	['mango]
granaatappel (de)	nar	['nar]

rode bes (de)	qırmızı qarağat	[gɪrmɪ'zɪ gara'ɣat]
zwarte bes (de)	qara qarağat	[ga'ra gara'ɣat]
kruisbes (de)	krıjovnik	[krɪ'ʒovnik]
bosbes (de)	qaragilə	[garagi'læ]
braambes (de)	böyürtkən	[bøyrt'kæn]

rozijn (de)	kişmiş	[kiʃ'miʃ]
vijg (de)	əncir	[æn'dʒir]
dadel (de)	xurma	[χur'ma]

pinda (de)	araxis	[a'raχis]
amandel (de)	badam	[ba'dam]
walnoot (de)	qoz	['goz]
hazelnoot (de)	fındıq	[fɪn'dɪh]
kokosnoot (de)	kokos	[ko'kos]
pistaches (mv.)	püstə	[pys'tæ]

56. Brood. Snoep

suikerbakkerij (de)	qənnadı məmulatı	[gænna'dɪ mæmula'tɪ]
brood (het)	çörək	[tʃœ'ræk]
koekje (het)	peçenye	[pɛ'tʃɛnjɛ]

chocolade (de)	şokolad	[ʃoko'lad]
chocolade- (abn)	şokolad	[ʃoko'lad]
snoepje (het)	konfet	[kon'fɛt]
cakeje (het)	pirojna	[piroʒ'na]
taart (bijv. verjaardags~)	tort	['tort]
pastei (de)	piroq	[pi'roh]

vulling (de)	iç	['itʃ]
confituur (de)	mürəbbə	[myræb'bæ]
marmelade (de)	marmelad	[marmɛ'lad]
wafel (de)	vafli	[vaf'li]
IJsje (het)	dondurma	[dondur'ma]

57. Kruiden

zout (het)	duz	['duz]
gezouten (bn)	duzlu	[duz'lʲu]
zouten (ww)	duz vurmaq	['duz vur'mah]

zwarte peper (de)	qara istiot	[ga'ra isti'ot]
rode peper (de)	qırmızı istiot	[gırmı'zı isti'ot]
mosterd (de)	xardal	[χar'dal]
mierikswortel (de)	qıtığotu	[gıtıɣo'tu]

condiment (het)	yeməyə dad verən əlavə	[ɛmæ'jæ 'dad vɛ'ræn æla'væ]
specerij, kruiderij (de)	ədviyyat	[ædvi'at]
saus (de)	sous	['sous]
azijn (de)	sirkə	[sir'kæ]

anijs (de)	cirə	[dʒʲi'ræ]
basilicum (de)	reyhan	[rɛj'han]
kruidnagel (de)	mixək	[mi'χæk]
gember (de)	zəncəfil	[zændʒʲæ'fil]
koriander (de)	keşniş	[kɛʃ'niʃ]
kaneel (de/het)	darçın	[dar'tʃın]

sesamzaad (het)	küncüt	[kyn'dʒyt]
laurierblad (het)	dəfnə yarpağı	[dæf'næ jarpa'ɣı]
paprika (de)	paprika	['paprika]
komijn (de)	zirə	[zi'ræ]
saffraan (de)	zəfəran	[zæfæ'ran]

PERSOONLIJKE INFORMATIE. FAMILIE

58. Persoonlijke informatie. Formulieren

naam (de)	ad	['ad]
achternaam (de)	soyadı	['sojadı]
geboortedatum (de)	anadan olduğu tarix	[ana'dan oldu'ɣu ta'rix]
geboorteplaats (de)	anadan olduğu yer	[ana'dan oldu'ɣu 'ɛr]
nationaliteit (de)	milliyəti	[millijæ'ti]
woonplaats (de)	yaşayış yeri	[jaʃa'jıʃ jɛ'ri]
land (het)	ölkə	[øl'kæ]
beroep (het)	peşəsi	[pɛʃæ'si]
geslacht	cinsi	[dʒⁱin'si]
(ov. het vrouwelijk ~)		
lengte (de)	boyu	[bo'ju]
gewicht (het)	çəki	[ʧæ'ki]

59. Familieleden. Verwanten

moeder (de)	ana	[a'na]
vader (de)	ata	[a'ta]
zoon (de)	oğul	[o'ɣul]
dochter (de)	qız	['gız]
jongste dochter (de)	kiçik qız	[ki'ʧik 'gız]
jongste zoon (de)	kiçik oğul	[kiʧik o'ɣul]
oudste dochter (de)	böyük qız	[bø'juk 'gız]
oudste zoon (de)	böyük oğul	[bøyk o'ɣul]
broer (de)	qardaş	[gar'daʃ]
zuster (de)	bacı	[ba'dʒⁱı]
neef (zoon van oom, tante)	xalaoğlu	[xalao'ɣlⁱu]
nicht (dochter van oom, tante)	xalaqızı	[xalagı'zı]
mama (de)	ana	[a'na]
papa (de)	ata	[a'ta]
ouders (mv.)	valideynlər	[validɛjn'lær]
kind (het)	uşaq	[u'ʃah]
kinderen (mv.)	uşaqlar	[uʃag'lar]
oma (de)	nənə	[næ'næ]
opa (de)	baba	[ba'ba]
kleinzoon (de)	nəvə	[næ'væ]
kleindochter (de)	nəvə	[næ'væ]
kleinkinderen (mv.)	nəvələr	[nævæ'lær]

oom (de)	dayı	[da'jı]
tante (de)	xala	[χa'la]
neef (zoon van broer, zus)	bacıoğlu	[badʒⁱıo'χlʲu]
nicht (dochter van broer, zus)	bacıqızı	[badʒⁱıgı'zı]

schoonmoeder (de)	qayınana	[gajına'na]
schoonvader (de)	qayınata	[gajna'ta]
schoonzoon (de)	yeznə	[ɛz'næ]
stiefmoeder (de)	analıq	[ana'lıh]
stiefvader (de)	atalıq	[ata'lıh]

zuigeling (de)	südəmər uşaq	[sydæ'mær u'ʃah]
wiegenkind (het)	çağa	[tʃa'ɣa]
kleuter (de)	körpə	[kør'pæ]

vrouw (de)	arvad	[ar'vad]
man (de)	ər	['ær]
echtgenoot (de)	həyat yoldaşı	[hæ'jat jolda'ʃı]
echtgenote (de)	həyat yoldaşı	[hæ'jat jolda'ʃı]

gehuwd (mann.)	evli	[ɛv'li]
gehuwd (vrouw.)	ərli qadın	[ær'li ga'dın]
ongehuwd (mann.)	subay	[su'baj]
vrijgezel (de)	subay	[su'baj]
gescheiden (bn)	boşanmış	[boʃan'mıʃ]
weduwe (de)	dul qadın	['dul ga'dın]
weduwnaar (de)	dul kişi	['dul ki'ʃi]

familielid (het)	qohum	[go'hum]
dichte familielid (het)	yaxın qohum	[ja'χın go'hum]
verre familielid (het)	uzaq qohum	[u'zah go'hum]
familieleden (mv.)	qohumlar	[gohum'lar]

wees (de), weeskind (het)	yetim	[ɛ'tim]
voogd (de)	himayəçi	[himajæ'tʃi]
adopteren (een jongen te ~)	oğulluğa götürmək	[oɣullʲu'ɣa gøtyr'mæk]
adopteren (een meisje te ~)	qızlığa götürmək	[gızlı'ɣa gøtyr'mæk]

60. Vrienden. Collega's

vriend (de)	dost	['dost]
vriendin (de)	rəfiqə	[ræfi'gæ]
vriendschap (de)	dostluq	[dost'lʲuh]
bevriend zijn (ww)	dostluq etmək	[dost'lʲuh ɛt'mæk]

makker (de)	dost	['dost]
vriendin (de)	rəfiqə	[ræfi'gæ]
partner (de)	partnyor	[part'nⁱor]

chef (de)	rəis	[ræ'is]
baas (de)	müdir	[my'dir]
ondergeschikte (de)	tabelikdə olan	[tabɛlik'dæ o'lan]
collega (de)	peşə yoldaşı	[pɛ'ʃæ jolda'ʃı]
kennis (de)	tanış	[ta'nıʃ]

| medereiziger (de) | yol yoldaşı | ['jol jolda'ʃı] |
| klasgenoot (de) | sinif yoldaşı | [si'nif jolda'ʃı] |

buurman (de)	qonşu	[gon'ʃu]
buurvrouw (de)	qonşu	[gon'ʃu]
buren (mv.)	qonşular	[gonʃu'lar]

MENSELIJK LICHAAM. GENEESKUNDE

61. Hoofd

hoofd (het)	baş	['baʃ]
gezicht (het)	üz	['yz]
neus (de)	burun	[bu'run]
mond (de)	ağız	[a'ɣɪz]
oog (het)	göz	['gøz]
ogen (mv.)	gözlər	[gøz'lær]
pupil (de)	göz bəbəyi	[gøz bæ'bæjɪ]
wenkbrauw (de)	qaş	['gaʃ]
wimper (de)	kirpik	[kir'pik]
ooglid (het)	göz qapağı	[gøz gapa'ɣɪ]
tong (de)	dil	['dil]
tand (de)	diş	['diʃ]
lippen (mv.)	dodaq	[do'dah]
jukbeenderen (mv.)	almacıq sümüyü	[alma'dʒɪh symy'ju]
tandvlees (het)	diş əti	['diʃ æ'ti]
gehemelte (het)	damağ	[da'maɣ]
neusgaten (mv.)	burun deşikləri	[bu'run dɛʃiklæ'ri]
kin (de)	çənə	[ʧæ'næ]
kaak (de)	çənə	[ʧæ'næ]
wang (de)	yanaq	[ja'nah]
voorhoofd (het)	alın	[a'lɪn]
slaap (de)	gicgah	[gidʒ'ˈgah]
oor (het)	qulaq	[gu'lah]
achterhoofd (het)	peysər	[pɛj'sær]
hals (de)	boyun	[bo'jun]
keel (de)	boğaz	[bo'gaz]
haren (mv.)	saç	['saʧ]
kapsel (het)	saç düzümü	['saʧ dyzy'my]
haarsnit (de)	saç vurdurma	['saʧ vurdur'ma]
pruik (de)	parik	[pa'rik]
snor (de)	bığ	['bɪɣ]
baard (de)	saqqal	[sak'kal]
dragen (een baard, enz.)	qoymaq	[goj'mah]
vlecht (de)	hörük	[hø'ryk]
bakkebaarden (mv.)	bakenbard	[bakɛn'bard]
ros (roodachtig, rossig)	kürən	[ky'ræn]
grijs (~ haar)	saçı ağarmış	[sa'ʧɪ aɣar'mɪʃ]
kaal (bn)	keçəl	[kɛ'ʧæl]
kale plek (de)	daz	['daz]

paardenstaart (de)	quyruq	[guj'ruh]
pony (de)	zülf	['zylʲf]

62. Menselijk lichaam

hand (de)	əl	['æl]
arm (de)	qol	['gol]

vinger (de)	barmaq	[bar'mah]
duim (de)	baş barmaq	['baʃ bar'mah]
pink (de)	çeçələ barmaq	[ʧcʧæ'læ bar'mah]
nagel (de)	dırnaq	[dır'nah]

vuist (de)	yumruq	[jum'ruh]
handpalm (de)	ovuc içi	[o'vudʒ i'ʧi]
pols (de)	bilək	[bi'læk]
voorarm (de)	bazu önü	[ba'zı ø'ny]
elleboog (de)	dirsək	[dir'sæk]
schouder (de)	çiyin	[ʧi'jın]

been (rechter ~)	topuq	[to'puh]
voet (de)	pəncə	[pæn'dʒʲæ]
knie (de)	diz	['diz]
kuit (de)	baldır	[bal'dır]
heup (de)	omba	[om'ba]
hiel (de)	daban	[da'ban]

lichaam (het)	bədən	[bæ'dæn]
buik (de)	qarın	[ga'rın]
borst (de)	sinə	[si'næ]
borst (de)	döş	['døʃ]
zijde (de)	böyür	[bø'jur]
rug (de)	kürək	[ky'ræk]
lage rug (de)	bel	['bɛl]
taille (de)	bel	['bɛl]

navel (de)	göbək	[gø'bæk]
billen (mv.)	sağrı	[sa'ɣrı]
achterwerk (het)	arxa	[ar'χa]

huidvlek (de)	xal	['χal]
tatoeage (de)	tatuirovka	[tatui'rovka]
litteken (het)	çapıq	[ʧa'pıh]

63. Ziekten

ziekte (de)	xəstəlik	[χæstæ'lik]
ziek zijn (ww)	xəstə olmaq	[χæs'tæ ol'mah]
gezondheid (de)	sağlamlıq	[saɣlam'lıh]

snotneus (de)	zökəm	[zø'kæm]
angina (de)	angina	[a'ngina]

verkoudheid (de)	soyuqdəymə	[sojugdæj'mæ]
verkouden raken (ww)	özünü soyuğa vermək	[øzy'ny soju'ɣa vɛr'mæk]

bronchitis (de)	bronxit	[bron'χit]
longontsteking (de)	sətəlcəm	[sætæl'ʤʲæm]
griep (de)	qrip	['grip]

bijziend (bn)	uzağı görməyən	[uza'ɣı 'gørmæjæn]
verziend (bn)	uzağı yaxşı görən	[uza'ɣı jaχ'ʃı gø'ræn]
scheelheid (de)	çəpgözlük	[ʧæpgøz'lyk]
scheel (bn)	çəpgöz	[ʧæp'gøz]
grauwe staar (de)	katarakta	[kata'rakta]
glaucoom (het)	qlaukoma	[glau'koma]

beroerte (de)	insult	[in'sulʲt]
hartinfarct (het)	infarkt	[in'farkt]
myocardiaal infarct (het)	miokard infarktı	[mio'kard infark'tı]
verlamming (de)	iflic	[if'liʤʲ]
verlammen (ww)	iflic olmaq	[if'liʤʲ ol'mah]

allergie (de)	allergiya	[allɛr'gija]
astma (de/het)	astma	['astma]
diabetes (de)	diabet	[dia'bɛt]

tandpijn (de)	diş ağrısı	['diʃ aɣrı'sı]
tandbederf (het)	kariyes	['kariɛs]

diarree (de)	diareya	[dia'rɛja]
constipatie (de)	qəbizlik	[gæbiz'lik]
maagstoornis (de)	mədə pozuntusu	[mæ'dæ pozuntu'su]
voedselvergiftiging (de)	zəhərlənmə	[zæhærlæn'mæ]
voedselvergiftiging oplopen	qidadan zəhərlənmək	[gida'dan zæhærlæn'mæk]

artritis (de)	artrit	[art'rit]
rachitis (de)	raxit	[ra'χit]
reuma (het)	revmatizm	[rɛvma'tizm]
arteriosclerose (de)	ateroskleroz	[atɛrosklɛ'roz]

gastritis (de)	qastrit	[gast'rit]
blindedarmontsteking (de)	appendisit	[appɛndi'sit]
galblaasontsteking (de)	xolesistit	[χolɛsis'tit]
zweer (de)	xora	[χo'ra]

mazelen (mv.)	qızılca	[gızıl'ʤʲa]
rodehond (de)	məxmərək	[mæχmæ'ræk]
geelzucht (de)	sarılıq	[sarı'lıh]
leverontsteking (de)	hepatit	[hɛpa'tit]

schizofrenie (de)	şizofreniya	[ʃizofrɛ'nija]
dolheid (de)	quduzluq	[guduz'lʲuh]
neurose (de)	nevroz	[nɛv'roz]
hersenschudding (de)	beyin sarsıntısı	[bɛ'jın sarsıntı'sı]

kanker (de)	rak	['rak]
sclerose (de)	skleroz	[sklɛ'roz]
multiple sclerose (de)	dağınıq skleroz	[daɣı'nıh sklɛ'roz]

alcoholisme (het)	əyyaşlıq	[æjaʃˈlıh]
alcoholicus (de)	əyyaş	[æˈjaʃ]
syfilis (de)	sifilis	[ˈsifilis]
AIDS (de)	QİÇS	[ˈgitʃs]

tumor (de)	şiş	[ˈʃiʃ]
kwaadaardig (bn)	bədxassəli	[ˈbædχasˈsæli]
goedaardig (bn)	xoşxassəli	[χoʃχasˈsæli]

koorts (de)	qızdırma	[gızdırˈma]
malaria (de)	malyariya	[malʲaˈrija]
gangreen (het)	qanqrena	[gangˈrɛna]
zeeziekte (de)	dəniz xəstəliyi	[dæˈniz χæstæliˈjı]
epilepsie (de)	epilepsiya	[ɛpiˈlɛpsija]

epidemie (de)	epidemiya	[ɛpiˈdɛmija]
tyfus (de)	yatalaq	[jataˈlah]
tuberculose (de)	vərəm	[væˈræm]
cholera (de)	vəba	[væˈba]
pest (de)	taun	[taˈun]

64. Symptomen. Behandelingen. Deel 1

symptoom (het)	əlamət	[ælaˈmæt]
temperatuur (de)	qızdırma	[gızdırˈma]
verhoogde temperatuur (de)	yüksək qızdırma	[jykˈsæk gızdırˈma]
polsslag (de)	nəbz	[ˈnæbz]

duizeling (de)	başgicəllənməsi	[baʃgidʒʲæːllænmæˈsi]
heet (erg warm)	isti	[isˈti]
koude rillingen (mv.)	titrəmə	[titræˈmæ]
bleek (bn)	rəngi ağarmış	[ræˈngi aɣarˈmıʃ]

hoest (de)	öskürək	[øskyˈræk]
hoesten (ww)	öskürmək	[øskyrˈmæk]
niezen (ww)	asqırmaq	[asgırˈmah]
flauwte (de)	bihuşluq	[bihuʃlʲˈuh]
flauwvallen (ww)	huşunu itirmək	[ˈhuʃunu itirˈmæk]

blauwe plek (de)	qançır	[ganˈtʃır]
buil (de)	şiş	[ˈʃiʃ]
zich stoten (ww)	dəymək	[dæjˈmæk]
kneuzing (de)	zədələmə	[zædælæˈmæ]
kneuzen (gekneusd zijn)	zədələnmək	[zædælænˈmæk]

hinken (ww)	axsamaq	[aχsaˈmah]
verstuiking (de)	burxulma	[burχulˈma]
verstuiken (enkel, enz.)	burxutmaq	[burχutˈmah]
breuk (de)	sınıq	[sıˈnıh]
een breuk oplopen	sındırmaq	[sındırˈmah]

snijwond (de)	kəsik	[kæˈsik]
zich snijden (ww)	kəsmək	[kæsˈmæk]
bloeding (de)	qanaxma	[ganaχˈma]

brandwond (de)	yanıq	[ja'nıh]
zich branden (ww)	yanmaq	[jan'mah]

prikken (ww)	batırmaq	[batır'mah]
zich prikken (ww)	batırmaq	[batır'mah]
blesseren (ww)	zədələmək	[zædælæ'mæk]
blessure (letsel)	zədə	[zæ'dæ]
wond (de)	yara	[ja'ra]
trauma (het)	travma	['travma]

IJlen (ww)	sayıqlamaq	[sajıgla'mah]
stotteren (ww)	kəkələmək	[kækælæ'mæk]
zonnesteek (de)	gün vurması	['gyn vurma'sı]

65. Symptomen. Behandelingen. Deel 2

pijn (de)	ağrı	[a'ɣrı]
splinter (de)	tikan	[ti'kan]

zweet (het)	tər	['tær]
zweten (ww)	tərləmək	[tærlæ'mæk]
braking (de)	qusma	[gus'ma]
stuiptrekkingen (mv.)	qıc	['gıdʒj]

zwanger (bn)	hamilə	[hami'læ]
geboren worden (ww)	anadan olmaq	[ana'dan ol'mah]
geboorte (de)	doğuş	[do'ɣuʃ]
baren (ww)	doğmaq	[do'ɣmah]
abortus (de)	uşaq saldırma	[u'ʃah saldır'ma]

ademhaling (de)	tənəffüs	[tænæf'fys]
inademing (de)	nəfəs alma	[næ'fæs al'ma]
uitademing (de)	nəfəs vermə	[næ'fæs vɛr'mæ]
uitademen (ww)	nəfəs vermək	[næ'fæs vɛr'mæk]
inademen (ww)	nəfəs almaq	[næ'fæs al'mah]

invalide (de)	əlil	[æ'lil]
gehandicapte (de)	şikəst	[ʃi'kæst]
drugsverslaafde (de)	narkoman	[narko'man]

doof (bn)	kar	['kar]
stom (bn)	lal	['lal]
doofstom (bn)	lal-kar	['lal 'kar]

krankzinnig (bn)	dəli	[dæ'li]
krankzinnige (man)	dəli	[dæ'li]
krankzinnige (vrouw)	dəli	[dæ'li]
krankzinnig worden	dəli olmaq	[dæ'li ol'mah]

gen (het)	gen	['gɛn]
immuniteit (de)	immunitet	[immuni'tɛt]
erfelijk (bn)	irsi	[ir'si]
aangeboren (bn)	anadangəlmə	[anadangæl'mæ]
virus (het)	virus	['virus]

microbe (de)	mikrob	[mik'rop]
bacterie (de)	bakteriya	[bak'tɛrija]
infectie (de)	infeksiya	[in'fɛksija]

66. Symptomen. Behandelingen. Deel 3

| ziekenhuis (het) | xəstəxana | [χæstæχa'na] |
| patiënt (de) | pasiyent | [pasi'ɛnt] |

diagnose (de)	diaqnoz	[di'agnoz]
genezing (de)	müalicə	[myali'dʒæ]
onder behandeling zijn	müalicə olunmaq	[myali'dʒæ olʲun'mah]
behandelen (ww)	müalicə etmək	[myali'dʒæ ɛt'mæk]
zorgen (zieken ~)	xəstəyə qulluq etmək	[χæstæ'jæ gul'lʲuh ɛt'mæk]
ziekenzorg (de)	xəstəyə qulluq	[χæstæ'jæ gul'lʲuh]

operatie (de)	əməliyyat	[æmæli'at]
verbinden (een arm ~)	sarğı bağlamaq	[sar'ɣı baɣla'mah]
verband (het)	sarğı	[sar'ɣı]

vaccin (het)	peyvənd	[pɛj'vænd]
inenten (vaccineren)	peyvənd etmək	[pɛj'vænd æt'mæk]
injectie (de)	iynə	[ij'næ]
een injectie geven	iynə vurmaq	[ij'næ vur'mah]

amputatie (de)	amputasiya	[ampu'tasija]
amputeren (ww)	amputasiya etmək	[ampu'tasija ɛt'mæk]
coma (het)	koma	['koma]
in coma liggen	komaya düşmək	['komaja dyʃ'mæk]
intensieve zorg, ICU (de)	reanimasiya	[rɛani'masija]

zich herstellen (ww)	sağalmaq	[saɣal'mah]
toestand (de)	vəziyyət	[væzi'æt]
bewustzijn (het)	huş	['huʃ]
geheugen (het)	yaddaş	[jad'daʃ]

trekken (een kies ~)	çəkdirmək	[tʃækdir'mæk]
vulling (de)	plomb	['plomp]
vullen (ww)	plomblamaq	[plombla'mah]

| hypnose (de) | hipnoz | [hip'noz] |
| hypnotiseren (ww) | hipnoz etmək | [hip'noz ɛt'mæk] |

67. Geneeskunde. Medicijnen. Accessoires

geneesmiddel (het)	dərman	[dær'man]
middel (het)	dava	[da'va]
voorschrijven (ww)	yazmaq	[jaz'mah]
recept (het)	resept	[rɛ'sɛpt]

| tablet (de/het) | həb | ['hæp] |
| zalf (de) | məlhəm | [mæl'hæm] |

ampul (de)	ampula	['ampula]
drank (de)	mikstura	[miks'tura]
siroop (de)	sirop	[si'rop]
pil (de)	həb	['hæp]
poeder (de/het)	toz dərman	['toz dær'man]

verband (het)	bint	['bint]
watten (mv.)	pambıq	[pam'bıh]
jodium (het)	yod	['jod]

pleister (de)	yapışan məlhəm	[japı'ʃan mæl'hæm]
pipet (de)	damcıtökən	[damdʒˈıtø'kæn]
thermometer (de)	termometr	[tɛr'momɛtr]
spuit (de)	şpris	['ʃpris]

rolstoel (de)	əlil arabası	[æ'lil araba'sı]
krukken (mv.)	qoltuqağacı	[goltuɣaɣa'dʒˈı]

pijnstiller (de)	ağrıkəsici	[aɣrıkæsi'dʒˈi]
laxeermiddel (het)	işlətmə dərmanı	[iʃlæt'mæ dærma'nı]
spiritus (de)	spirt	['spirt]
medicinale kruiden (mv.)	bitki	[bit'ki]
kruiden- (abn)	bitki	[bit'ki]

APPARTEMENT

68. Appartement

appartement (het)	mənzil	[mæn'zil]
kamer (de)	otaq	[o'tah]
slaapkamer (de)	yataq otağı	[ja'tah ota'ɣı]
eetkamer (de)	yemək otağı	[ɛ'mæk ota'ɣı]
salon (de)	qonaq otağı	[go'nah ota'ɣı]
studeerkamer (de)	iş otağı	['iʃ ota'ɣı]

gang (de)	dəhliz	[dæh'liz]
badkamer (de)	vanna otağı	[van'na ota'ɣı]
toilet (het)	tualet	[tua'lɛt]

plafond (het)	tavan	[ta'van]
vloer (de)	döşəmə	[døʃæ'mæ]
hoek (de)	künc	['kyndʒ]

69. Meubels. Interieur

meubels (mv.)	mebel	['mɛbɛl]
tafel (de)	masa	[ma'sa]
stoel (de)	stul	['stul]
bed (het)	çarpayı	[ʧarpa'jı]
bankstel (het)	divan	[di'van]
fauteuil (de)	kreslo	['krɛslo]

boekenkast (de)	kitab şkafı	[ki'tap ʃka'fı]
boekenrek (het)	kitab rəfi	[ki'tap ræ'fi]

kledingkast (de)	paltar üçün şkaf	[pal'tar ju'ʧun ʃ'kaf]
kapstok (de)	paltarasan	[paltara'san]
staande kapstok (de)	dik paltarasan	['dik paltara'san]

commode (de)	kamod	[ka'mod]
salontafeltje (het)	jurnal masası	[ʒur'nal masa'sı]

spiegel (de)	güzgü	[gyz'gy]
tapijt (het)	xalı	[ɣa'lı]
tapijtje (het)	xalça	[ɣal'ʧa]

haard (de)	kamin	[ka'min]
kaars (de)	şam	['ʃam]
kandelaar (de)	şamdan	[ʃam'dan]

gordijnen (mv.)	pərdə	[pær'dæ]
behang (het)	divar kağızı	[di'var kaɣı'zı]

jaloezie (de)	jalyuzi	[ʒalʲu'zi]
bureaulamp (de)	stol lampası	['stol lamp'sı]
wandlamp (de)	çıraq	[ʧı'rah]
staande lamp (de)	torşer	[tor'ʃɛr]
luchter (de)	çilçıraq	[ʧilʧı'rah]

poot (ov. een tafel, enz.)	ayaq	[a'jah]
armleuning (de)	qoltuqaltı	[goltuɣal'tı]
rugleuning (de)	söykənəcək	['søjkænæ'dʒʲæk]
la (de)	siyirtmə	[sijırt'mæ]

70. Beddengoed

beddengoed (het)	yataq dəyişəyi	[ja'tah dæiʃæ'jı]
kussen (het)	yastıq	[jas'tıh]
kussenovertrek (de)	yastıqüzü	[jastıgy'zy]
deken (de)	yorğan	[jor'ɣan]
laken (het)	mələfə	[mælæ'fæ]
sprei (de)	örtük	[ør'tyk]

71. Keuken

keuken (de)	mətbəx	[mæt'bæχ]
gas (het)	qaz	['gaz]
gasfornuis (het)	qaz plitəsi	['gaz plitæ'si]
elektrisch fornuis (het)	elektrik plitəsi	[ɛlɛkt'rik plitæ'si]
oven (de)	duxovka	[duχov'ka]
magnetronoven (de)	mikrodalğalı soba	[mikrodalɣa'lı so'ba]

koelkast (de)	soyuducu	[sojudu'dʒy]
diepvriezer (de)	dondurucu kamera	[donduru'dʒy 'kamɛra]
vaatwasmachine (de)	qabyuyan maşın	[gaby'jan ma'ʃın]

vleesmolen (de)	ət çəkən maşın	['æt ʧæ'kæn ma'ʃın]
vruchtenpers (de)	şirəçəkən maşın	[ʃiræʧæ'kæn ma'ʃın]
toaster (de)	toster	['tostɛr]
mixer (de)	mikser	['miksɛr]

koffiemachine (de)	qəhvə hazırlayan maşın	[gæh'væ hazırla'jan ma'ʃın]
koffiepot (de)	qəhvədan	[gæhvæ'dan]
koffiemolen (de)	qəhvə üyüdən maşın	[gæh'væ yjy'dæn ma'ʃın]

fluitketel (de)	çaydan	[ʧaj'dan]
theepot (de)	dəm çaydanı	['dæm ʧajda'nı]
deksel (de/het)	qapaq	[ga'pah]
theezeefje (het)	kiçik ələk	[ki'ʧik æ'læk]

lepel (de)	qaşıq	[ga'ʃıh]
theelepeltje (het)	çay qaşığı	['ʧaj gaʃı'ɣı]
eetlepel (de)	xörək qaşığı	[χø'ræk gaʃı'ɣı]
vork (de)	çəngəl	[ʧæ'ngæl]
mes (het)	bıçaq	[bı'ʧah]

vaatwerk (het)	qab-qacaq	['gap ga'dʒ'ah]
bord (het)	boşqab	[boʃ'gap]
schoteltje (het)	nəlbəki	[nælbæ'ki]

likeurglas (het)	qədəh	[gæ'dæh]
glas (het)	stəkan	[stæ'kan]
kopje (het)	fincan	[fin'dʒ'an]

suikerpot (de)	qənd qabı	['gænd ga'bı]
zoutvat (het)	duz qabı	['duz ga'bı]
pepervat (het)	istiot qabı	[isti'ot ga'bı]
boterschaaltje (het)	yağ qabı	['jaɣ ga'bı]

steelpan (de)	qazan	[ga'zan]
bakpan (de)	tava	[ta'va]
pollepel (de)	çömçə	[tʃœm'tʃæ]
vergiet (de/het)	aşsüzən	[aʃsy'zæn]
dienblad (het)	məcməyi	[mædʒ'mæ'jı]

fles (de)	şüşə	[ʃy'ʃæ]
glazen pot (de)	şüşə banka	[ʃy'ʃæ ban'ka]
blik (conserven~)	banka	[ban'ka]

flesopener (de)	açan	[a'tʃan]
blikopener (de)	konserv ağzı açan	[kon'sɛrv a'ɣzı a'tʃan]
kurkentrekker (de)	burğu	[bur'ɣu]
filter (de/het)	süzgəc	[syz'gædʒ']
filteren (ww)	süzgəcdən keçirmək	[syzgædʒ''dæn kɛtʃir'mæk]

| huisvuil (het) | zibil | [zi'bil] |
| vuilnisemmer (de) | zibil vedrəsi | [zi'bil vɛdræ'si] |

72. Badkamer

badkamer (de)	vanna otağı	[van'na ota'ɣı]
water (het)	su	['su]
kraan (de)	kran	['kran]
warm water (het)	isti su	[is'ti 'su]
koud water (het)	soyuq su	[so'juh 'su]

| tandpasta (de) | diş məcunu | ['diʃ mædʒy'nu] |
| tanden poetsen (ww) | dişləri fırçalamaq | [diʃlæ'ri fırtʃala'mah] |

zich scheren (ww)	üzünü qırxmaq	[yzy'ny gırx'mah]
scheercrème (de)	üz qırxmaq üçün köpük	['juz gırx'mah ju'tʃun kø'pyk]
scheermes (het)	ülgüc	[yl''gydʒ']

wassen (ww)	yumaq	[ju'mah]
een bad nemen	yuyunmaq	[jujun'mah]
douche (de)	duş	['duʃ]
een douche nemen	duş qəbul etmək	['duʃ gæ'bul ɛt'mæk]

| bad (het) | vanna | [van'na] |
| toiletpot (de) | unitaz | [uni'taz] |

wastafel (de)	su çanağı	['su tʃana'ɣɪ]
zeep (de)	sabun	[sa'bun]
zeepbakje (het)	sabun qabı	[sa'bun ga'bɪ]

spons (de)	hamam süngəri	[ha'mam syngæ'ri]
shampoo (de)	şampun	[ʃam'pun]
handdoek (de)	dəsmal	[dæs'mal]
badjas (de)	hamam xələti	[ha'mam χælæ'ti]

was (bijv. handwas)	paltarın yuyulması	[palta'rɪn yjulma'sɪ]
wasmachine (de)	paltaryuyan maşın	[paltary'jan ma'ʃɪn]
de was doen	paltar yumaq	[pal'tar ju'mah]
waspoeder (de)	yuyucu toz	[juju'ʤy 'toz]

73. Huishoudelijke apparaten

televisie (de)	televizor	[tɛlɛ'vizor]
cassettespeler (de)	maqnitofon	[magnito'fon]
videorecorder (de)	videomaqnitofon	[vidɛomagnito'fon]
radio (de)	qəbuledici	[gæbulɛdi'ʤi]
speler (de)	pleyer	['plɛjɛr]

videoprojector (de)	video proyektor	[vidɛo pro'ɛktor]
home theater systeem (het)	ev kinoteatrı	['æv kinotɛat'rɪ]
DVD-speler (de)	DVD maqnitofonu	[divi'di magnitofo'nu]
versterker (de)	səs gücləndiricisi	['sæs gyʤʲlændiridʒ'i'si]
spelconsole (de)	oyun əlavəsi	[o'jun ælavæ'si]

videocamera (de)	videokamera	[vidɛo'kamɛra]
fotocamera (de)	fotoaparat	[fotoapa'rat]
digitale camera (de)	rəqəm fotoaparatı	[ræ'gæm fotoapara'tɪ]

stofzuiger (de)	tozsoran	[tozso'ran]
strijkijzer (het)	ütü	[y'ty]
strijkplank (de)	ütü taxtası	[y'ty taχta'sɪ]

telefoon (de)	telefon	[tɛlɛ'fon]
mobieltje (het)	mobil telefon	[mo'bil tɛlɛ'fon]
schrijfmachine (de)	yazı maşını	[ja'zɪ maʃɪ'nɪ]
naaimachine (de)	tikiş maşını	[ti'kiʃ maʃɪ'nɪ]

microfoon (de)	mikrofon	[mikro'fon]
koptelefoon (de)	qulaqlıqlar	[gulaglɪg'lar]
afstandsbediening (de)	pult	['pult]

CD (de)	SD diski	[si'di dis'ki]
cassette (de)	kasset	[kas'sɛt]
vinylplaat (de)	val	['val]

DE AARDE. WEER

74. De kosmische ruimte

kosmos (de)	kosmos	['kosmos]
kosmisch (bn)	kosmik	[kos'mik]
kosmische ruimte (de)	kosmik fəza	[kos'mik fæ'za]
wereld (de)	dünya	[dy'nja]
heelal (het)	kainat	[kai'nat]
sterrenstelsel (het)	qalaktika	[ga'laktika]
ster (de)	ulduz	[ul'duz]
sterrenbeeld (het)	bürc	['byrdʒi]
planeet (de)	planet	[pla'nɛt]
satelliet (de)	peyk	['pɛjk]
meteoriet (de)	meteorit	[mɛtɛo'rit]
komeet (de)	kometa	[ko'mɛta]
asteroïde (de)	asteroid	[astɛ'roid]
baan (de)	orbita	[or'bita]
draaien (om de zon, enz.)	fırlanmaq	[fɪrlan'mah]
atmosfeer (de)	atmosfer	[atmos'fɛr]
Zon (de)	Günəş	[gy'næʃ]
zonnestelsel (het)	Günəş sistemi	[gy'næʃ sistɛ'mi]
zonsverduistering (de)	günəşin tutulması	[gynæ'ʃin tutulma'sɪ]
Aarde (de)	Yer	['ɛr]
Maan (de)	Ay	['aj]
Mars (de)	Mars	['mars]
Venus (de)	Venera	[vɛ'nɛra]
Jupiter (de)	Yupiter	[ju'pitɛr]
Saturnus (de)	Saturn	[sa'turn]
Mercurius (de)	Merkuri	[mɛr'kurij]
Uranus (de)	Uran	[u'ran]
Neptunus (de)	Neptun	[nɛp'tun]
Pluto (de)	Pluton	[pli'u'ton]
Melkweg (de)	Ağ Yol	['aɣ 'jol]
Grote Beer (de)	Böyük ayı bürcü	[bø'juk a'jɪ byr'dʒy]
Poolster (de)	Qütb ulduzu	['gytp uldu'zu]
marsmannetje (het)	marslı	[mars'lɪ]
buitenaards wezen (het)	başqa planetdən gələn	[baʃga planɛt'dæn gæ'læn]
bovenaards (het)	gəlmə	[gæl'mæ]

vliegende schotel (de)	uçan boşqab	[u'tʃan boʃgap]
ruimtevaartuig (het)	kosmik gəmi	[kos'mik gæ'mi]
ruimtestation (het)	orbital stansiya	[orbi'tal 'stansija]
start (de)	start	['start]

motor (de)	mühərrik	[myhær'rik]
straalpijp (de)	ucluq	[udʒ' lʲuh]
brandstof (de)	yanacaq	[jana'dʒʲah]

| cabine (de) | kabina | [ka'bina] |
| antenne (de) | antenna | [an'tɛnna] |

patrijspoort (de)	illüminator	[illymi'nator]
zonnebatterij (de)	günəş batareyası	[gy'næʃ bata'rɛjası]
ruimtepak (het)	skafandr	[ska'fandr]

| gewichtloosheid (de) | çəkisizlik | [tʃækisiz'lik] |
| zuurstof (de) | oksigen | [oksi'gɛn] |

| koppeling (de) | uc-uca calama | ['udʒʲ u'dʒʲa dʒʲala'ma] |
| koppeling maken | uc-uca calamaq | ['udʒʲ u'dʒʲa dʒʲala'mah] |

| observatorium (het) | observatoriya | [obsɛrva'torija] |
| telescoop (de) | teleskop | [tɛlɛs'kop] |

| waarnemen (ww) | müşaidə etmək | [myʃai'dæ ɛt'mæk] |
| exploreren (ww) | araşdırmaq | [araʃdır'mah] |

75. De Aarde

Aarde (de)	Yer	['ɛr]
aardbol (de)	yer kürəsi	['ɛr kyræ'si]
planeet (de)	planet	[pla'nɛt]

atmosfeer (de)	atmosfer	[atmos'fɛr]
aardrijkskunde (de)	coğrafiya	[dʒʲo'ɣrafija]
natuur (de)	təbiət	[tæbi'æt]

wereldbol (de)	qlobus	['globus]
kaart (de)	xəritə	[xæri'tæ]
atlas (de)	atlas	['atlas]

| Europa (het) | Avropa | [av'ropa] |
| Azië (het) | Asiya | ['asija] |

| Afrika (het) | Afrika | ['afrika] |
| Australië (het) | Avstraliya | [av'stralija] |

Amerika (het)	Amerika	[a'mɛrika]
Noord-Amerika (het)	Şimali Amerika	[ʃima'li a'mɛrika]
Zuid-Amerika (het)	Cənubi Amerika	[dʒʲænu'bi a'mɛrika]

| Antarctica (het) | Antarktida | [antark'tida] |
| Arctis (de) | Arktika | ['arktika] |

76. Windrichtingen

noorden (het)	şimal	[ʃi'mal]
naar het noorden	şimala	[ʃima'la]
in het noorden	şimalda	[ʃimal'da]
noordelijk (bn)	şimali	[ʃima'li]

zuiden (het)	cənub	[dʒʲæ'nup]
naar het zuiden	cənuba	[dʒʲænu'ba]
in het zuiden	cənubda	[dʒʲænub'da]
zuidelijk (bn)	cənubi	[dʒʲænu'bi]

westen (het)	qərb	['gærp]
naar het westen	qərbə	[gær'bæ]
in het westen	qərbdə	[gærb'dæ]
westelijk (bn)	qərb	['gærp]

oosten (het)	şərq	['ʃærh]
naar het oosten	şərqə	[ʃær'gæ]
in het oosten	şərqdə	[ʃærg'dæ]
oostelijk (bn)	şərq	['ʃærh]

77. Zee. Oceaan

zee (de)	dəniz	[dæ'niz]
oceaan (de)	okean	[okɛ'an]
golf (baai)	körfəz	[kør'fæz]
straat (de)	boğaz	[bo'gaz]

grond (vaste grond)	quru	[gu'ru]
continent (het)	materik	[matɛ'rik]
eiland (het)	ada	[a'da]
schiereiland (het)	yarımada	[jarıma'da]
archipel (de)	arxipelaq	[arχipɛ'lah]

baai, bocht (de)	buxta	['buχta]
haven (de)	liman	[li'man]
lagune (de)	laquna	[la'guna]
kaap (de)	burun	[bu'run]

atol (de)	mərcan adası	[mær'dʒʲan ada'sı]
rif (het)	rif	['rif]
koraal (het)	mərcan	[mær'dʒʲan]
koraalrif (het)	mərcan rifi	[mær'dʒʲan ri'fi]

diep (bn)	dərin	[dæ'rin]
diepte (de)	dərinlik	[dærin'lik]
diepzee (de)	dərinlik	[dærin'lik]
trog (bijv. Marianentrog)	çuxur	[tʃu'χur]

stroming (de)	axın	[a'χın]
omspoelen (ww)	əhatə etmək	[æha'tæ ɛt'mæk]
oever (de)	sahil	[sa'hil]

kust (de)	sahilboyu	[sahilbo'ju]
vloed (de)	yükselme	[jyksæl'mæ]
eb (de)	çekilme	[ʧækil'mæ]
ondiepte (ondiep water)	dayaz yer	[da'jaz 'ɛr]
bodem (de)	dib	['dip]

golf (hoge ~)	dalğa	[dal'ɣa]
golfkam (de)	lepe beli	[læ'pæ bɛ'li]
schuim (het)	köpük	[kø'pyk]

orkaan (de)	qasırğa	[gasɯr'ɣa]
tsunami (de)	tsunami	[ʦu'nami]
windstilte (de)	tam sakitlik	['tam sakit'lik]
kalm (bijv. ~e zee)	sakit	[sa'kit]

| pool (de) | polyus | ['polʲus] |
| polair (bn) | qütbi | [gyt'bi] |

breedtegraad (de)	en dairesi	['ɛn dairæ'si]
lengtegraad (de)	uzunluq dairesi	[uzun'lʲuh dairæ'si]
parallel (de)	paralel	[para'lɛl]
evenaar (de)	ekvator	[ɛk'vator]

hemel (de)	sema	[sæ'ma]
horizon (de)	üfüq	[y'fyh]
lucht (de)	hava	[ha'va]

vuurtoren (de)	mayak	[ma'jak]
duiken (ww)	dalmaq	[dal'mah]
zinken (ov. een boot)	batmaq	[bat'mah]
schatten (mv.)	xezine	[χæzi'næ]

78. Namen van zeeën en oceanen

Atlantische Oceaan (de)	Atlantik okean	[atlan'tik okɛ'an]
Indische Oceaan (de)	Hind okeanı	['hind okɛa'nɪ]
Stille Oceaan (de)	Sakit okean	[sa'kit okɛ'an]
Noordelijke IJszee (de)	Şimal buzlu okeanı	[ʃi'mal buz'lʲu okɛ'an]

Zwarte Zee (de)	Qara deniz	[ga'ra dæ'niz]
Rode Zee (de)	Qırmızı deniz	[gɯrmɯ'zɪ dæ'niz]
Gele Zee (de)	Sarı deniz	[sa'rɪ dæ'niz]
Witte Zee (de)	Ağ deniz	['aɣ dæ'niz]

Kaspische Zee (de)	Xezer denizi	[χæ'zær dæni'zi]
Dode Zee (de)	Ölü denizi	[ø'ly dæni'zi]
Middellandse Zee (de)	Aralıq denizi	[ara'lɪh dæni'zi]

| Egeïsche Zee (de) | Egey denizi | [æ'gɛj dæni'zi] |
| Adriatische Zee (de) | Adriatik denizi | [adria'tik dæni'zi] |

Arabische Zee (de)	Ereb denizi	[æ'ræp dæni'zi]
Japanse Zee (de)	Yapon denizi	[ja'pon dæni'zi]
Beringzee (de)	Berinq denizi	['bɛrinh dæni'zi]

Zuid-Chinese Zee (de)	Cənubi Çin dənizi	[dʒ¦ænu'bi 'tʃin dæni'zi]
Koraalzee (de)	Mərcan dənizi	[mær'dʒ¦an dæni'zi]
Tasmanzee (de)	Tasman dənizi	[tas'man dæni'zi]
Caribische Zee (de)	Karib dənizi	[ka'rip dæni'zi]
Barentszzee (de)	Barens dənizi	['barɛns dæni'zi]
Karische Zee (de)	Kars dənizi	['kars dæni'zi]
Noordzee (de)	Şimal dənizi	[ʃi'mal dæni'zi]
Baltische Zee (de)	Baltik dənizi	[bal'tik dæni'zi]
Noorse Zee (de)	Norveç dənizi	[nor'vɛtʃ dæni'zi]

79. Bergen

berg (de)	dağ	['daɣ]
bergketen (de)	dağ silsiləsi	['daɣ silsilæ'si]
gebergte (het)	sıra dağlar	[sı'ra da'ɣlar]
bergtop (de)	baş	['baʃ]
bergpiek (de)	zirvə	[zir'væ]
voet (ov. de berg)	ətək	[æ'tæk]
helling (de)	yamac	[ja'madʒ¦]
vulkaan (de)	yanardağ	[janar'daɣ]
actieve vulkaan (de)	fəal yanardağ	[fæ'al janar'daɣ]
uitgedoofde vulkaan (de)	sönmüş yanardağ	[søn'myʃ janar'daɣ]
uitbarsting (de)	püskürmə	[pyskyr'mæ]
krater (de)	yanardağ ağzı	[janar'daɣ a'ɣzı]
magma (het)	maqma	['maqma]
lava (de)	lava	['lava]
gloeiend (~e lava)	qızmar	[gız'mar]
kloof (canyon)	kanyon	[ka'njon]
bergkloof (de)	dərə	[dæ'ræ]
spleet (de)	dar dərə	['dar dæ'ræ]
bergpas (de)	dağ keçidi	['daɣ kɛtʃi'di]
plateau (het)	plato	['plato]
klip (de)	qaya	[ga'ja]
heuvel (de)	təpə	[tæ'pæ]
gletsjer (de)	buzlaq	[buz'lah]
waterval (de)	şəlalə	[ʃæla'læ]
geiser (de)	qeyzer	['gɛjzɛr]
meer (het)	göl	['gølʲ]
vlakte (de)	düzən	[dy'zæn]
landschap (het)	mənzərə	‚[mænzæ'ræ]
echo (de)	əks-səda	['æks sæ'da]
alpinist (de)	alpinist	[alpi'nist]
bergbeklimmer (de)	qayalara dırmaşan idmançı	[gajala'ra dırma'ʃan idman'tʃı]
trotseren (berg ~)	fəth etmək	['fæth ɛt'mæk]
beklimming (de)	dırmaşma	[dırmaʃ'ma]

80. Bergen namen

Alpen (de)	Alp dağları	['alp daɣla'rı]
Mont Blanc (de)	Monblan	[mon'blan]
Pyreneeën (de)	Pireney	[pirɛ'nɛj]

Karpaten (de)	Karpat	[kar'pat]
Oeralgebergte (het)	Ural dağları	[u'ral daɣla'rı]
Kaukasus (de)	Qafqaz	[gafˈgaz]
Elbroes (de)	Elbrus	[ɛlb'rus]

Altaj (de)	Altay	[al'taj]
Tiensjan (de)	Tyan-Şan	['tjan 'ʃan]
Pamir (de)	Pamir	[pa'mir]
Himalaya (de)	Himalay	[gima'laj]
Everest (de)	Everest	[ævɛ'rɛst]

| Andes (de) | And dağları | ['and daɣla'rı] |
| Kilimanjaro (de) | Kilimancaro | [kiliman'dʒˈaro] |

81. Rivieren

rivier (de)	çay	['tʃaj]
bron (~ van een rivier)	çeşme	[tʃɛʃ'mæ]
riverbedding (de)	çay yatağı	['tʃaj jata'ɣı]
riverbekken (het)	hovuz	[ho'vuz]
uitmonden in ...	tökülmək	[tøkyl'mæk]

| zijrivier (de) | axın | [a'χın] |
| oever (de) | sahil | [sa'hil] |

stroming (de)	axın	[a'χın]
stroomafwaarts (bw)	axınla aşağıya doğru	[a'χınla aʃaɣı'ja do'ɣru]
stroomopwaarts (bw)	axınla yuxarıya doğru	[a'χınla juχarı'ja do'ɣru]

overstroming (de)	daşqın	[daʃ'gın]
overstroming (de)	sel	['sɛl]
buiten zijn oevers treden	daşmaq	[daʃ'mah]
overstromen (ww)	su basmaq	['su bas'mah]

| zandbank (de) | say | ['saj] |
| stroomversnelling (de) | kandar | [kan'dar] |

dam (de)	bənd	['bænd]
kanaal (het)	kanal	[ka'nal]
spaarbekken (het)	su anbarı	['su anba'rı]
sluis (de)	şlyuz	['ʃlʲuz]

waterlichaam (het)	nohur	[no'hur]
moeras (het)	bataqlıq	[batag'lıh]
broek (het)	bataq	[ba'tah]
draaikolk (de)	qıjov	[gı'ʒov]
stroom (de)	kiçik çay	[ki'tʃik 'tʃaj]

drink- (abn)	içməli	[itʃmæ'li]
zoet (~ water)	şirin	[ʃi'rin]
IJs (het)	buz	['buz]
bevriezen (rivier, enz.)	donmaq	[don'mah]

82. Namen van rivieren

Seine (de)	Sena	['sɛna]
Loire (de)	Luara	[lʲu'ara]
Theems (de)	Temza	['tɛmza]
Rijn (de)	Reyn	['rɛjn]
Donau (de)	Dunay	[du'naj]
Wolga (de)	Volqa	['volga]
Don (de)	Don	['don]
Lena (de)	Lena	['lɛna]
Gele Rivier (de)	Xuanxe	[χuan'χɛ]
Blauwe Rivier (de)	Yanqdzı	[jang'dzı]
Mekong (de)	Mekonq	[mɛ'konh]
Ganges (de)	Qanq	['ganh]
Nijl (de)	Nil	['nil]
Kongo (de)	Konqo	['kongo]
Okavango (de)	Okavanqo	[oka'vango]
Zambezi (de)	Zambezi	[zam'bɛzi]
Limpopo (de)	Limpopo	[limpo'po]
Mississippi (de)	Missisipi	[misi'sipi]

83. Bos

bos (het)	meşə	[mɛ'ʃæ]
bos- (abn)	meşə	[mɛ'ʃæ]
oerwoud (dicht bos)	sıx meşəlik	['sıχ mɛʃæ'lik]
bosje (klein bos)	ağaclıq	[aɣadʒ'lıh]
open plek (de)	tala	[ta'la]
struikgewas (het)	cəngəllik	[dʒʲængæl'lik]
struiken (mv.)	kolluq	[kol'lʲuh]
paadje (het)	cığır	[dʒʲı'χır]
ravijn (het)	yarğan	[jar'ɣan]
boom (de)	ağac	[a'ɣadʒʲ]
blad (het)	yarpaq	[jar'pah]
gebladerte (het)	yarpaqlar	[jarpag'lar]
vallende bladeren (mv.)	yarpağın tökülməsi	[jarpa'χın tøkylmæ'si]
vallen (ov. de bladeren)	tökülmək	[tøkyl'mæk]

boomtop (de)	baş	['baʃ]
tak (de)	budaq	[bu'dah]
ent (de)	budaq	[bu'dah]
knop (de)	tumurcuq	[tumur'dʒyh]
naald (de)	iynə	[ij'næ]
dennenappel (de)	qoza	[go'za]

boom holte (de)	oyuq	[o'juh]
nest (het)	yuva	[ju'va]
hol (het)	yuva	[ju'va]

stam (de)	gövdə	[gøv'dæ]
wortel (bijv. boom~s)	kök	['køk]
schors (de)	qabıq	[ga'bıh]
mos (het)	mamır	[ma'mır]

ontwortelen (een boom)	kötük çıxarmaq	[kø'tyk tʃıχar'mah]
kappen (een boom ~)	kəsmək	[kæs'mæk]
ontbossen (ww)	qırıb qurtarmaq	[gı'rıp gurtar'mah]
stronk (de)	kötük	[kø'tyk]

kampvuur (het)	tonqal	[ton'gal]
bosbrand (de)	yanğın	[jan'ɣın]
blussen (ww)	söndürmək	[søndyr'mæk]

boswachter (de)	meşəbeyi	[mɛʃæbæ'jı]
bescherming (de)	qoruma	[goru'ma]
beschermen (bijv. de natuur ~)	mühafizə etmək	[myhafi'zæ ɛt'mæk]
stroper (de)	brakonyer	[brako'njɛr]
val (de)	tələ	[tæ'læ]

| plukken (vruchten, enz.) | yığmaq | [jı'ɣmah] |
| verdwalen (de weg kwijt zijn) | yolu azmaq | [jo'lʲu az'mah] |

84. Natuurlijke hulpbronnen

natuurlijke rijkdommen (mv.)	təbii ehtiyatlar	[tæbi'i ɛhtijat'lar]
delfstoffen (mv.)	yeraltı sərvətlər	[ɛral'tı særvæt'lær]
lagen (mv.)	yataqlar	[jatag'lar]
veld (bijv. olie~)	yataq	[ja'tah]

winnen (uit erts ~)	hasil etmək	[ha'sil ɛt'mæk]
winning (de)	hasilat	[hasi'lat]
erts (het)	filiz	[fi'liz]
mijn (bijv. kolenmijn)	mədən	[mæ'dæn]
mijnschacht (de)	quyu	[gu'ju]
mijnwerker (de)	şaxtaçı	['ʃaχtatʃı]

| gas (het) | qaz | ['gaz] |
| gasleiding (de) | qaz borusu | ['gaz boru'su] |

| olie (aardolie) | neft | ['nɛft] |
| olieleiding (de) | neft borusu | ['nɛft boru'su] |

oliebron (de)	neft qüllesi	['nɛft gyllæ'si]
boortoren (de)	neft buruğu	['nɛft buru'ɣu]
tanker (de)	tanker	['tankɛr]

zand (het)	qum	['gum]
kalksteen (de)	əhəngdaşı	[æhæŋgda'ʃı]
grind (het)	çınqıl	[ʧın'gıl]
veen (het)	torf	['torf]
klei (de)	gil	['gil]
steenkool (de)	kömür	[kø'myr]

IJzer (het)	dəmir	[dæ'mir]
goud (het)	qızıl	[gı'zıl]
zilver (het)	gümüş	[gy'myʃ]
nikkel (het)	nikel	['nikɛl]
koper (het)	mis	['mis]

zink (het)	sink	['sink]
mangaan (het)	manqan	[man'gan]
kwik (het)	civə	[dʒi'væ]
lood (het)	qurğuşun	[gurɣu'ʃun]

mineraal (het)	mineral	[minɛ'ral]
kristal (het)	kristal	[kris'tal]
marmer (het)	mərmər	[mær'mær]
uraan (het)	uran	[u'ran]

85. Weer

weer (het)	hava	[ha'va]
weersvoorspelling (de)	hava proqnozu	[ha'va progno'zu]
temperatuur (de)	temperatur	[tɛmpɛra'tur]
thermometer (de)	istilik ölçən	[isti'lik øl'ʧæn]
barometer (de)	barometr	[ba'romɛtr]

vochtigheid (de)	rütubət	[rytu'bæt]
hitte (de)	çox isti hava	['ʧoχ is'ti ha'va]
heet (bn)	çox isti	['ʧoχ is'ti]
het is heet	çox istidir	['ʧoχ is'tidir]

| het is warm | istidir | [is'tidir] |
| warm (bn) | isti | [is'ti] |

| het is koud | soyuqdur | [so'jugdur] |
| koud (bn) | soyuq | [so'juh] |

zon (de)	günəş	[gy'næʃ]
schijnen (de zon)	içıq saçmaq	[i'ʃih saʧ'mah]
zonnig (~e dag)	günəşli	[gynæʃ'li]
opgaan (ov. de zon)	çıxmaq	[ʧıχ'mah]
ondergaan (ww)	batmaq	[bat'mah]

| wolk (de) | bulud | [bu'ɫud] |
| bewolkt (bn) | buludlu | [buɫud'ɫu] |

regenwolk (de)	qara bulud	[ga'ra bu'lʲud]
somber (bn)	tutqun	[tut'gun]

regen (de)	yağış	[ja'ɣıʃ]
het regent	yağır	[ja'ɣır]
regenachtig (bn)	yağışlı	[jaɣıʃ'lı]
motregenen (ww)	çiskinləmək	[ʧiskinlæ'mæk]

plensbui (de)	şiddətli yağış	[ʃiddæt'li ja'ɣıʃ]
stortbui (de)	sel	['sɛl]
hard (bn)	şiddətli	[ʃiddæt'li]
plas (de)	su gölməçəsi	['su gølmæʧæ'si]
nat worden (ww)	islanmaq	[islan'mah]

mist (de)	duman	[du'man]
mistig (bn)	dumanlı	[duman'lı]
sneeuw (de)	qar	['gar]
het sneeuwt	qar yağır	['gar ja'ɣır]

86. Zwaar weer. Natuurrampen

noodweer (storm)	tufan	[tu'fan]
bliksem (de)	şimşək	[ʃim'ʃæk]
flitsen (ww)	çaxmaq	[ʧax'mah]

donder (de)	göy gurultusu	[gøj gyrultu'su]
donderen (ww)	guruldamaq	[gurulda'mah]
het dondert	göy guruldayır	[gøj gyrulda'jır]

hagel (de)	dolu	[do'lʲu]
het hagelt	dolu yağır	[do'lʲu ja'ɣır]

overstromen (ww)	su basmaq	['su bas'mah]
overstroming (de)	daşqın	[daʃ'gın]

aardbeving (de)	zəlzələ	[zælzæ'læ]
aardschok (de)	təkan	[tæ'kan]
epicentrum (het)	mərkəz	[mær'kæz]

uitbarsting (de)	püskürmə	[pyskyr'mæ]
lava (de)	lava	['lava]

wervelwind (de)	burağan	[bura'ɣan]
windhoos (de)	tornado	[tor'nado]
tyfoon (de)	şiddətli fırtına	[ʃiddæt'li fırtı'na]

orkaan (de)	qasırğa	[gasır'ɣa]
storm (de)	fırtına	[fırtı'na]
tsunami (de)	tsunami	[ʦu'nami]

cycloon (de)	siklon	[sik'lon]
onweer (het)	pis hava	['pis ha'va]
brand (de)	yanğın	[jan'ɣın]
ramp (de)	fəlakət	[fæla'kæt]

meteoriet (de)	**meteorit**	[mɛtɛo'rit]
lawine (de)	**qar uçqunu**	['gar uʧgu'nu]
sneeuwverschuiving (de)	**qar uçqunu**	['gar uʧgu'nu]
sneeuwjacht (de)	**çovğun**	[ʧov'ɣun]
sneeuwstorm (de)	**boran**	[bo'ran]

FAUNA

87. Zoogdieren. Roofdieren

roofdier (het)	yırtıcı	[jırtı'ʤʲı]
tijger (de)	pələng	[pæ'lænh]
leeuw (de)	şir	['ʃir]
wolf (de)	canavar	[ʤʲana'var]
vos (de)	tülkü	[tyl'ky]
jaguar (de)	yaquar	[jagu'ar]
luipaard (de)	leopard	[lɛo'pard]
jachtluipaard (de)	gepard	[gɛ'pard]
panter (de)	panter	[pan'tɛr]
poema (de)	puma	['puma]
sneeuwluipaard (de)	qar bəbiri	['gar bæbi'ri]
lynx (de)	vaşaq	[va'ʃah]
coyote (de)	koyot	[ko'jot]
jakhals (de)	çaqqal	[ʧak'kal]
hyena (de)	kaftar	[kʲaf'tar]

88. Wilde dieren

dier (het)	heyvan	[hɛj'van]
beest (het)	vəhşi heyvan	[væh'ʃi hɛj'van]
eekhoorn (de)	sincab	[sin'ʤʲap]
egel (de)	kirpi	[kir'pi]
haas (de)	dovşan	[dov'ʃan]
konijn (het)	ev dovşanı	['ɛv dovʃa'nı]
das (de)	porsuq	[por'suh]
wasbeer (de)	yenot	[ɛ'not]
hamster (de)	dağsiçanı	['daɣsiʧanı]
marmot (de)	marmot	[mar'mot]
mol (de)	köstəbək	[køstæ'bæk]
muis (de)	siçan	[si'ʧan]
rat (de)	siçovul	[siʧo'vul]
vleermuis (de)	yarasa	[jara'sa]
hermelijn (de)	sincab	[sin'ʤʲap]
sabeldier (het)	samur	[sa'mur]
marter (de)	dələ	[dæ'læ]
wezel (de)	gəlincik	[gɛlin'ʤʲik]
nerts (de)	su samuru	['su samu'ru]

| bever (de) | qunduz | [gun'duz] |
| otter (de) | susamuru | [susamu'ru] |

paard (het)	at	['at]
eland (de)	sığın	[sı'ɣın]
hert (het)	maral	[ma'ral]
kameel (de)	dəvə	[dæ'væ]

bizon (de)	bizon	[bi'zon]
oeros (de)	zubr	['zubr]
buffel (de)	camış	[ʤ'a'mıʃ]

zebra (de)	zebra	['zɛbra]
antilope (de)	antilop	[anti'lop]
ree (de)	cüyür	[ʤy'jur]
damhert (het)	xallı maral	[χal'lı ma'ral]
gems (de)	dağ keçisi	['daɣ kɛʧi'si]
everzwijn (het)	qaban	[ga'ban]

walvis (de)	balina	[ba'lina]
rob (de)	suiti	[sui'ti]
walrus (de)	morj	['morʒ]
zeehond (de)	dəniz pişiyi	[dæ'niz piʃi'jı]
dolfijn (de)	delfin	[dɛl'fin]

beer (de)	ayı	[a'jı]
IJsbeer (de)	ağ ayı	['aɣ a'jı]
panda (de)	panda	['panda]

aap (de)	meymun	[mɛj'mun]
chimpansee (de)	şimpanze	[ʃimpan'zɛ]
orang-oetan (de)	oranqutan	[orangu'tan]
gorilla (de)	qorilla	[go'rilla]
makaak (de)	makaka	[ma'kaka]
gibbon (de)	gibbon	[gib'bon]

olifant (de)	fil	['fil]
neushoorn (de)	kərgədən	[kærgæ'dan]
giraffe (de)	zürafə	[zyra'fæ]
nijlpaard (het)	begemot	[bɛgɛ'mot]

| kangoeroe (de) | kenquru | [kɛngu'ru] |
| koala (de) | koala | [ko'ala] |

mangoest (de)	manqust	[man'gust]
chinchilla (de)	şinşilla	[ʃin'ʃila]
stinkdier (het)	skuns	['skuns]
stekelvarken (het)	oxlu kirpi	[oχ'lʲu kir'pi]

89. Huisdieren

poes (de)	pişik	[pi'ʃik]
kater (de)	pişik	[pi'ʃik]
hond (de)	it	['it]

paard (het)	at	['at]
hengst (de)	ayğır	[aj'ɣır]
merrie (de)	madyan	[ma'djan]

koe (de)	inək	[i'næk]
stier (de)	buğa	[bu'ɣa]
os (de)	öküz	[ø'kyz]

schaap (het)	qoyun	[go'jun]
ram (de)	qoyun	[go'jun]
geit (de)	keçi	[kɛ'ʧi]
bok (de)	erkək keçi	[ɛr'kæk kɛ'ʧi]

| ezel (de) | eşşək | [ɛ'ʃʃæk] |
| muilezel (de) | qatır | [ga'tır] |

varken (het)	donuz	[do'nuz]
biggetje (het)	çoşka	[ʧoʃ'ka]
konijn (het)	ev dovşanı	['ɛv dovʃa'nı]

| kip (de) | toyuq | [to'juh] |
| haan (de) | xoruz | [ҳo'ruz] |

eend (de)	ördək	[ør'dæk]
woerd (de)	yaşılbaş	[jaʃıl'baʃ]
gans (de)	qaz	['gaz]

| kalkoen haan (de) | hind xoruzu | ['hind ҳoru'zu] |
| kalkoen (de) | hind toyuğu | ['hind toju'ɣu] |

huisdieren (mv.)	ev heyvanları	['æv hɛjvanla'rı]
tam (bijv. hamster)	əhliləşdirilmiş	[æhlilæʃdiril'miʃ]
temmen (tam maken)	əhliləşdirmək	[æhlilæʃdir'mæk]
fokken (bijv. paarden ~)	yetişdirmək	[ɛtiʃdir'mæk]

boerderij (de)	ferma	['fɛrma]
gevogelte (het)	ev quşları	['ɛv guʃla'rı]
rundvee (het)	mal-qara	['mal ga'ra]
kudde (de)	sürü	[sy'ry]

paardenstal (de)	tövlə	[tøv'læ]
zwijnenstal (de)	donuz damı	[do'nuz da'mı]
koeienstal (de)	inək damı	[i'næk da'mı]
konijnenhok (het)	ev dovşanı saxlanılan yer	['æv dovʃa'nı saҳlanı'lan 'ɛr]
kippenhok (het)	toyuq damı	[to'juh da'mı]

90. Vogels

vogel (de)	quş	['guʃ]
duif (de)	göyərçin	[gøjær'ʧin]
mus (de)	sərçə	[sær'ʧæ]
koolmees (de)	arıquşu	[arıgu'ʃu]
ekster (de)	sağsağan	[saɣsa'ɣan]
raaf (de)	qarğa	[gar'ɣa]

kraai (de)	qarğa	[gar'ɣa]
kauw (de)	dolaşa	[dola'ʃa]
roek (de)	zağca	[zaɣ'dʒˈa]

eend (de)	ördək	[ør'dæk]
gans (de)	qaz	['gaz]
fazant (de)	qırqovul	[gɪrgo'vul]

arend (de)	qartal	[gar'tal]
havik (de)	qırğı	[gɪr'ɣɪ]
valk (de)	şahin	[ʃa'hin]
gier (de)	qrif	['grif]
condor (de)	kondor	[kon'dor]

zwaan (de)	sona	[so'na]
kraanvogel (de)	durna	[dur'na]
ooievaar (de)	leylək	[lɛj'læk]

papegaai (de)	tutuquşu	[tutugu'ʃu]
kolibrie (de)	kolibri	[ko'libri]
pauw (de)	tovuz	[to'vuz]

struisvogel (de)	straus	[st'raus]
reiger (de)	vağ	['vaɣ]
flamingo (de)	qızılqaz	[gɪzɪl'gaz]
pelikaan (de)	qutan	[gu'tan]

| nachtegaal (de) | bülbül | [bylˈbylˈ] |
| zwaluw (de) | qaranquş | [garan'guʃ] |

lijster (de)	qaratoyuq	[garato'juh]
zanglijster (de)	ötən qaratoyuq	[ø'tæn garato'juh]
merel (de)	qara qaratoyuq	[ga'ra garato'juh]

gierzwaluw (de)	uzunqanad	[uzunga'nad]
leeuwerik (de)	torağay	[tora'ɣaj]
kwartel (de)	bidirçin	[bilˈdir'tʃin]

specht (de)	ağacdələn	[aɣadʒˈdæ'læn]
koekoek (de)	ququ quşu	[gu'gu gu'ʃu]
uil (de)	bayquş	[baj'guʃ]
oehoe (de)	yapalaq	[japa'lah]
auerhoen (het)	Sibir xoruzu	[si'bir ɣoru'zu]
korhoen (het)	tetra quşu	['tɛtra gu'ʃu]
patrijs (de)	kəklik	[kæk'lik]

spreeuw (de)	sığırçin	[sɪɣɪr'tʃin]
kanarie (de)	sarıbülbül	[sarɪbylˈbylˈ]
hazelhoen (het)	qarabağır	[garaba'ɣɪr]

| vink (de) | alacəhrə | [alatʃæh'ræ] |
| goudvink (de) | qar quşu | ['gar gu'ʃu] |

meeuw (de)	qağayı	[gaga'jɪ]
albatros (de)	albatros	[albat'ros]
pinguïn (de)	pinqvin	[ping'vin]

91. Vis. Zeedieren

brasem (de)	çapaq	[ʧa'pah]
karper (de)	karp	['karp]
baars (de)	xanı balığı	[χa'nı balı'ɣı]
meerval (de)	naqqa	[nak'ka]
snoek (de)	durnabalığı	[durnabalı'ɣı]

zalm (de)	qızılbalıq	[gızılba'lıh]
steur (de)	nərə balığı	[næ'ræ balı'ɣı]

haring (de)	siyənək	[sijæ'næk]
atlantische zalm (de)	somğa	[som'ɣa]
makreel (de)	skumbriya	['skumbrija]
platvis (de)	qalxan balığı	[gal'χan balı'ɣı]

snoekbaars (de)	suf balığı	['suf balı'ɣı]
kabeljauw (de)	treska	[trɛs'ka]
tonijn (de)	tunes	[tu'nɛs]
forel (de)	alabalıq	[alaba'lıh]

paling (de)	angvil balığı	[ang'vil balı'ɣı]
sidderrog (de)	elektrikli skat	[ɛlɛktrik'li 'skat]
murene (de)	müren balığı	[my'rɛn balı'ɣı]
piranha (de)	piranya balığı	[pi'ranja balı'ɣı]

haai (de)	köpək balığı	[kø'pæk balı'ɣı]
dolfijn (de)	delfin	[dɛl'fin]
walvis (de)	balina	[ba'lina]

krab (de)	qısaquyruq	[gısaguj'ruh]
kwal (de)	meduza	[mɛ'duza]
octopus (de)	səkkizayaqlı ilbiz	[sækkizajag'lı il'biz]

zeester (de)	dəniz ulduzu	[dæ'niz uldu'zu]
zee-egel (de)	dəniz kirpisi	[dæ'niz kirpi'si]
zeepaardje (het)	dəniz atı	[dæ'niz a'tı]

oester (de)	istridyə	[istri'dʲæ]
garnaal (de)	krevet	[krɛ'vɛt]
kreeft (de)	omar	[o'mar]
langoest (de)	lanqust	[lan'gust]

92. Amfibieën. Reptielen

slang (de)	ilan	[i'lan]
giftig (slang)	zəhərli	[zæhær'li]

adder (de)	gürzə	[gyr'zæ]
cobra (de)	kobra	['kobra]
python (de)	piton	[pi'ton]
boa (de)	boa	[bo'a]
ringslang (de)	koramal	[kora'mal]

| ratelslang (de) | zınqırovlu ilan | [zıngırov'lʲu i'lan] |
| anaconda (de) | anakonda | [ana'konda] |

hagedis (de)	kərtənkələ	[kærtænkæ'læ]
leguaan (de)	iquana	[igu'ana]
varaan (de)	çöl kərtənkələsi	[ʧœl kærtænkælæ'si]
salamander (de)	salamandr	[sala'mandr]
kameleon (de)	buğələmun	[buɣælæ'mun]
schorpioen (de)	əqrəb	[æg'ræp]

schildpad (de)	tısbağa	[tısba'ɣa]
kikker (de)	qurbağa	[gurba'ɣa]
pad (de)	quru qurbağası	[gu'ru gurbaɣa'sı]
krokodil (de)	timsah	[tim'sah]

93. Insecten

insect (het)	həşarat	[hæʃa'rat]
vlinder (de)	kəpənək	[kæpæ'næk]
mier (de)	qarışqa	[garıʃ'ga]
vlieg (de)	milçək	[mil'ʧæk]
mug (de)	ağcaqanad	[aɣʤʲaga'nad]
kever (de)	böcək	[bø'ʤʲæk]

wesp (de)	arı	[a'rı]
bij (de)	bal arısı	['bal arı'sı]
hommel (de)	eşşək arısı	[ɛ'ʃʃæk arı'sı]
horzel (de)	mozalan	[moza'lan]

| spin (de) | hörümçək | [hørym'ʧæk] |
| spinnenweb (het) | hörümçək toru | [hørym'ʧæk toru] |

libel (de)	cırcırama	[ʤʲırʤʲıra'ma]
sprinkhaan (de)	şala cırcıraması	[ʃa'la ʤʲırʤʲırama'sı]
nachtvlinder (de)	pərvanə	[pærva'næ]

kakkerlak (de)	tarakan	[tara'kan]
mijt (de)	gənə	[gæ'næ]
vlo (de)	birə	[bi'ræ]
kriebelmug (de)	mığmığa	[mıɣmı'ɣa]

treksprinkhaan (de)	çəyirtkə	[ʧæjırt'kæ]
slak (de)	ilbiz	[il'biz]
krekel (de)	sisəy	[si'sæj]
glimworm (de)	işıldaquş	[iʃılda'guʃ]
lieveheersbeestje (het)	xanımböcəyi	[xanımbøʤʲæ'jı]
meikever (de)	may böcəyi	['maj bøʤʲæ'jı]

bloedzuiger (de)	zəli	[zæ'li]
rups (de)	kəpənək qurdu	[kæpæ'næk gur'du]
aardworm (de)	qurd	['gurd]
larve (de)	sürfə	[syr'fæ]

FLORA

94. Bomen

boom (de)	ağac	[a'ɣaʤʲ]
loof- (abn)	yarpaqlı	[jarpag'lı]
dennen- (abn)	iynəli	[ijnæ'li]
groenblijvend (bn)	həmişəyaşıl	[hæmiʃæja'ʃıl]
appelboom (de)	alma	[al'ma]
perenboom (de)	armud	[ar'mud]
zoete kers (de)	gilas	[gi'las]
zure kers (de)	albalı	[alba'lı]
pruimelaar (de)	gavalı	[gava'lı]
berk (de)	tozağacı	[tozaɣa'ʤʲı]
eik (de)	palıd	[pa'lıd]
linde (de)	cökə	[ʤʲø'kæ]
esp (de)	ağcaqovaq	[aɣʤʲago'vah]
esdoorn (de)	ağcaqayın	[aɣʤʲaga'jın]
spar (de)	küknar	[kyk'nar]
den (de)	şam	['ʃam]
lariks (de)	qara şam ağacı	[ga'ra 'ʃam aɣa'ʤʲı]
zilverspar (de)	ağ şam ağacı	['aɣ 'ʃam aɣaʤʲı]
ceder (de)	sidr	['sidr]
populier (de)	qovaq	[go'vah]
lijsterbes (de)	quşarmudu	[guʃarmu'du]
wilg (de)	söyüd	[sø'jud]
els (de)	qızılağac	[gızıla'ɣaʤʲ]
beuk (de)	fıstıq	[fıs'tıh]
iep (de)	qarağac	[gara'ɣaʤʲ]
es (de)	göyrüş	[gøj'ryʃ]
kastanje (de)	şabalıd	[ʃaba'lıd]
magnolia (de)	maqnoliya	[mag'nolija]
palm (de)	palma	['palma]
cipres (de)	sərv	['særv]
mangrove (de)	manqra ağacı	['mangra aɣa'ʤʲı]
baobab (apenbroodboom)	baobab	[bao'bap]
eucalyptus (de)	evkalipt	[ɛvka'lipt]
mammoetboom (de)	sekvoya	[sɛk'voja]

95. Heesters

struik (de)	kol	['køl]
heester (de)	kolluq	[kol'lʲuh]

| wijnstok (de) | üzüm | [y'zym] |
| wijngaard (de) | üzüm bağı | [y'zym ba'ɣı] |

frambozenstruik (de)	moruq	[mo'ruh]
rode bessenstruik (de)	qırmızı qarağat	[gırmı'zı gara'ɣat]
kruisbessenstruik (de)	krıjovnik	[krı'ʒovnik]

acacia (de)	akasiya	[a'kasija]
zuurbes (de)	zərinc	[zæ'rindʒj]
jasmijn (de)	jasmin	[ʒas'min]

jeneverbes (de)	ardıc kolu	[ar'dıdʒj ko'lʲu]
rozenstruik (de)	qızılgül kolu	[gızıl'gylʲ ko'lʲu]
hondsroos (de)	itburnu	[itbur'nu]

96. Vruchten. Bessen

appel (de)	alma	[al'ma]
peer (de)	armud	[ar'mud]
pruim (de)	gavalı	[gava'lı]
aardbei (de)	bağ çiyələyi	['baɣ ʧijælæ'jı]
zure kers (de)	albalı	[alba'lı]
zoete kers (de)	gilas	[gi'las]
druif (de)	üzüm	[y'zym]

framboos (de)	moruq	[mo'ruh]
zwarte bes (de)	qara qarağat	[ga'ra gara'ɣat]
rode bes (de)	qırmızı qarağat	[gırmı'zı gara'ɣat]
kruisbes (de)	krıjovnik	[krı'ʒovnik]
veenbes (de)	quşüzümü	[guʃyzy'my]
sinaasappel (de)	portağal	[porta'ɣal]
mandarijn (de)	mandarin	[manda'rin]
ananas (de)	ananas	[ana'nas]
banaan (de)	banan	[ba'nan]
dadel (de)	xurma	[ɣur'ma]

citroen (de)	limon	[li'mon]
abrikoos (de)	ərik	[æ'rik]
perzik (de)	şaftalı	[ʃafta'lı]
kiwi (de)	kivi	['kivi]
grapefruit (de)	qreypfrut	['grɛjpfrut]

bes (de)	giləmeyvə	[gilæmɛj'væ]
bessen (mv.)	giləmeyvələr	[gilæmɛjvæ'lær]
vossenbes (de)	mərsin	[mær'sin]
bosaardbei (de)	çiyələk	[ʧijæ'læk]
bosbes (de)	qaragilə	[garagi'læ]

97. Bloemen. Planten

| bloem (de) | gül | ['gylʲ] |
| boeket (het) | gül dəstəsi | ['gylʲ dæstæ'si] |

roos (de)	qızılgül	[gızıl'gylʲ]
tulp (de)	lalə	[la'læ]
anjer (de)	qərənfil	[gæræn'fil]
gladiool (de)	qladiolus	[gladi'olʲus]

korenbloem (de)	peyğəmbərçiçəyi	[pɛjɣæmbærtʃitʃæ'jɪ]
klokje (het)	zəngçiçəyi	[zæŋgtʃitʃæ'jɪ]
paardenbloem (de)	zəncirotu	[zændʒʲiro'tu]
kamille (de)	çobanyastığı	[tʃobanjastı'ɣɪ]

aloë (de)	əzvay	[æz'vaj]
cactus (de)	kaktus	['kaktus]
ficus (de)	fikus	['fikus]

lelie (de)	zanbaq	[zan'bah]
geranium (de)	ətirşah	[ætir'ʃah]
hyacint (de)	giasint	[gia'sint]

mimosa (de)	küsdüm ağacı	[kys'dym aɣa'dʒʲɪ]
narcis (de)	nərgizgülü	[nærgizgy'ly]
Oostindische kers (de)	ərikgülü	[ærikgy'ly]

orchidee (de)	səhləb çiçəyi	[sæh'læp tʃitʃæ'jɪ]
pioenroos (de)	pion	[pi'on]
viooltje (het)	bənövşə	[bænøv'ʃæ]

driekleurig viooltje (het)	alabəzək bənövşə	[alabæ'zæk bænøv'ʃæ]
vergeet-mij-nietje (het)	yaddaş çiçəyi	[jad'daʃ tʃitʃæ'jɪ]
madeliefje (het)	qızçiçəyi	[gɪztʃitʃæ'jɪ]

papaver (de)	lalə	[la'læ]
hennep (de)	çətənə	[tʃætæ'næ]
munt (de)	nanə	[na'næ]

lelietje-van-dalen (het)	inciçiçəyi	[indʒʲitʃitʃæ'jɪ]
sneeuwklokje (het)	novruzgülü	[novruzgy'ly]

brandnetel (de)	gicitkən	[gitʃit'kæn]
veldzuring (de)	quzuqulağı	[guzugula'ɣɪ]
waterlelie (de)	ağ suzanbağı	['aɣ suzanba'ɣɪ]
varen (de)	ayıdöşəyi	[ajıdøʃæ'jɪ]
korstmos (het)	şibyə	[ʃib'jæ]

oranjerie (de)	oranjereya	[oranʒɛ'rɛja]
gazon (het)	qazon	[ga'zon]
bloemperk (het)	çiçək ləki	[tʃi'tʃæk læ'ki]

plant (de)	bitki	[bit'ki]
gras (het)	ot	['ot]
grasspriet (de)	ot saplağı	['ot sapla'ɣɪ]

blad (het)	yarpaq	[jar'pah]
bloemblad (het)	ləçək	[læ'tʃæk]
stengel (de)	saplaq	[sap'lah]
knol (de)	kök yumrusu	[køk jumru'su]
scheut (de)	cücərti	[dʒydʒʲær'ti]

doorn (de)	tikan	[ti'kan]
bloeien (ww)	çiçək açmaq	[tʃi'tʃæk atʃ'mah]
verwelken (ww)	solmaq	[sol'mah]
geur (de)	ətir	[æ'tir]
snijden (bijv. bloemen ~)	kəsmək	[kæs'mæk]
plukken (bloemen ~)	dərmək	[dær'mæk]

98. Granen, graankorrels

graan (het)	dən	['dæn]
graangewassen (mv.)	dənli bitkilər	[dæn'li bitki'lær]
aar (de)	sümbül	[sym'bylʲ]

tarwe (de)	taxıl	[ta'χɪl]
rogge (de)	covdar	[dʒʲov'dar]
haver (de)	yulaf	[ju'laf]
gierst (de)	darı	[da'rı]
gerst (de)	arpa	[ar'pa]

maïs (de)	qarğıdalı	[garχıda'lı]
rijst (de)	düyü	[dy'ju]
boekweit (de)	qarabaşaq	[garaba'ʃah]

erwt (de)	noxud	[no'χud]
boon (de)	lobya	[lo'bja]
soja (de)	soya	['soja]
linze (de)	mərcimək	[mærdʒʲi'mæk]
bonen (mv.)	paxla	[paχ'la]

LANDEN VAN DE WERELD

99. Landen. Deel 1

Afghanistan (het)	Afqanistan	[afganis'tan]
Albanië (het)	Albaniya	[al'banija]
Argentinië (het)	Argentina	[argɛn'tina]
Armenië (het)	Ermənistan	[ɛrmænis'tan]
Australië (het)	Avstraliya	[av'stralija]
Azerbeidzjan (het)	Azərbaycan	[azærbaj'dʒ¡an]

Bahama's (mv.)	Baqam adaları	[ba'gam adala'rı]
Bangladesh (het)	Banqladeş	[bangla'dɛʃ]
België (het)	Belçika	['bɛltʃika]
Bolivia (het)	Boliviya	[bo'livija]
Bosnië en Herzegovina (het)	Bosniya və Hersoqovina	['bosnija 'væ hɛrsogo'vina]
Brazilië (het)	Braziliya	[bra'zilija]
Bulgarije (het)	Bolqarıstan	[bolgarıs'tan]

Cambodja (het)	Kamboca	[kam'bodʒ¡a]
Canada (het)	Kanada	[ka'nada]
Chili (het)	Çili	['tʃili]
China (het)	Çin	['tʃin]
Colombia (het)	Kolumbiya	[ko'lʲumbija]
Cuba (het)	Kuba	['kuba]
Cyprus (het)	Kıbrıs	['kıbrıs]

Denemarken (het)	Danimarka	[dani'marka]
Dominicaanse Republiek (de)	Dominikan Respublikası	[domini'kan rɛs'publikası]
Duitsland (het)	Almaniya	[al'manija]
Ecuador (het)	Ekvador	[ɛkva'dor]
Egypte (het)	Misir	[mi'sir]
Engeland (het)	İngiltərə	[in'giltæræ]

Estland (het)	Estoniya	[ɛs'tonija]
Finland (het)	Finlyandiya	[fin'lʲandija]
Frankrijk (het)	Fransa	['fransa]
Frans-Polynesië	Fransız Polineziyası	[fran'sız poli'nɛzijası]
Georgië (het)	Gürcüstan	[gyrdʒys'tan]
Ghana (het)	Qana	['gana]

Griekenland (het)	Yunanıstan	[junanıs'tan]
Groot-Brittannië (het)	Böyük Britaniya	[bø'juk bri'tanija]
Haïti (het)	Haiti	[ha'iti]
Hongarije (het)	Macarıstan	[madʒ¡arıs'tan]
Ierland (het)	İrlandiya	[ir'landija]
IJsland (het)	İslandiya	[is'landija]

India (het)	Hindistan	[hindis'tan]
Indonesië (het)	İndoneziya	[indo'nɛzija]

Irak (het)	İraq	[i'rak]
Iran (het)	İran	[i'ran]
Israël (het)	İsrail	[isra'il]
Italië (het)	İtaliya	[i'talija]

100. Landen. Deel 2

Jamaica (het)	Yamayka	[ja'majka]
Japan (het)	Yaponiya	[ja'ponija]
Jordanië (het)	İordaniya	[ior'danija]
Kazakstan (het)	Qazaxstan	[gazaχ'stan]
Kenia (het)	Keniya	['kɛnija]
Kirgizië (het)	Qırğızıstan	[gɪrɣɪzɪs'tan]
Koeweit (het)	Küveyt	[ky'vɛjt]

Kroatië (het)	Xorvatiya	[χor'vatija]
Laos (het)	Laos	[la'os]
Letland (het)	Latviya	['latvija]
Libanon (het)	Livan	[li'van]
Libië (het)	Liviya	['livija]
Liechtenstein (het)	Lixtenşteyn	[liχtɛn'ʃtɛjn]
Litouwen (het)	Litva	[lit'va]

Luxemburg (het)	Lüksemburq	[lyksɛm'burh]
Macedonië (het)	Makedoniya	[makɛ'donija]
Madagaskar (het)	Madaqaskar	[madagas'kar]
Maleisië (het)	Malayziya	[ma'lajzija]
Malta (het)	Malta	['malta]
Marokko (het)	Mərakeş	[mæra'kɛʃ]
Mexico (het)	Meksika	['mɛksika]

Moldavië (het)	Moldova	[mol'dova]
Monaco (het)	Monako	[mo'nako]
Mongolië (het)	Monqolustan	[mongolʲus'tan]
Montenegro (het)	Qaradağ	[ga'radaɣ]
Myanmar (het)	Myanma	['mjanma]
Namibië (het)	Namibiya	[na'mibija]
Nederland (het)	Niderland	[nidɛr'land]

Nepal (het)	Nepal	[nɛ'pal]
Nieuw-Zeeland (het)	Yeni Zelandiya	[ɛ'ni zɛ'landija]
Noord-Korea (het)	Şimali Koreya	[ʃima'li ko'rɛja]
Noorwegen (het)	Norveç	[nor'vɛtʃ]
Oekraïne (het)	Ukrayna	[uk'rajna]
Oezbekistan (het)	Özbekistan	[øzbækis'tan]
Oostenrijk (het)	Avstriya	['avstrija]

101. Landen. Deel 3

Pakistan (het)	Pakistan	[pakis'tan]
Palestijnse autonomie (de)	Fələstin muxtariyyatı	[fælæs'tin muχtaria'tı]
Panama (het)	Panama	[pa'nama]

Paraguay (het)	Paraqvay	[parag'vaj]
Peru (het)	Peru	[pɛ'ru]
Polen (het)	Polşa	['polʃa]
Portugal (het)	Portuqaliya	[portu'galija]
Roemenië (het)	Rumıniya	[ru'mınija]

Rusland (het)	Rusiya	['rusija]
Saoedi-Arabië (het)	Səudiyyə Ərəbistanı	[sæudi'æ æræbista'nı]
Schotland (het)	Şotlandiya	[ʃot'landija]
Senegal (het)	Seneqal	[sɛnɛ'gal]
Servië (het)	Serbiya	['sɛrbija]
Slovenië (het)	Sloveniya	[slo'vɛnija]
Slowakije (het)	Slovakiya	[slo'vakija]
Spanje (het)	İspaniya	[is'panija]

Suriname (het)	Surinam	[suri'nam]
Syrië (het)	Suriya	['surija]
Tadzjikistan (het)	Tacikistan	[tadʒikis'tan]
Taiwan (het)	Tayvan	[taj'van]
Tanzania (het)	Tanzaniya	[tan'zanija]
Tasmanië (het)	Tasmaniya	[tas'manija]
Thailand (het)	Tailand	[tai'land]

Tsjechië (het)	Çexiya	['tʃɛχija]
Tunesië (het)	Tunis	[tu'nis]
Turkije (het)	Türkiyə	['tyrkijæ]
Turkmenistan (het)	Türkmənistan	[tyrkmænis'tan]
Uruguay (het)	Uruqvay	[urug'vaj]
Vaticaanstad (de)	Vatikan	[vati'kan]
Venezuela (het)	Venesuela	[vɛnɛsu'æla]
Verenigde Arabische Emiraten	Birləşmiş Ərəb Əmirlikləri	[birlæʃ'miʃ æ'ræp æmirliklæ'ri]

Verenigde Staten van Amerika	Amerika Birləşmiş Ştatları	[a'mɛrika birlæʃ'miʃ ʃtatla'rı]
Vietnam (het)	Vyetnam	[vjɛt'nam]
Wit-Rusland (het)	Belarus	[bɛla'rus]
Zanzibar (het)	Zənzibar	[zænzi'bar]
Zuid-Afrika (het)	Cənubi Afrika respublikası	[dʒ'ænu'bi 'afrika rɛs'publikası]
Zuid-Korea (het)	Cənubi Koreya	[dʒ'ænu'bi ko'rɛja]
Zweden (het)	İsveç	[is'vɛtʃ]
Zwitserland (het)	İsveçrə	[is'vɛtʃræ]

AZERI

WOORDENSCHAT

NEDERLANDS AZERBEIDZJAANS

De meest bruikbare woorden
Om uw woordenschat uit te breiden en
uw taalvaardigheid aan te scherpen

3000 woorden

Thematische woordenschat Nederlands-Azerbeidzjaans - 3000 woorden

Door Andrey Taranov

Woordenlijsten van T&P Books zijn bedoeld om u woorden van een vreemde taal te helpen leren, onthouden, en bestudering. Dit woordenboek is ingedeeld in thema's en behandelt alle belangrijk terreinen van het dagelijkse leven, bedrijven, wetenschap, cultuur, etc.

Het proces van het leren van woorden met behulp van de op thema's gebaseerde aanpak van T&P Books biedt u de volgende voordelen:

- Correct gegroepeerde informatie is bepalend voor succes bij opeenvolgende stadia van het leren van woorden
- De beschikbaarheid van woorden die van dezelfde stam zijn maakt het mogelijk om woordgroepen te onthouden (in plaats van losse woorden)
- Kleine groepen van woorden faciliteren het proces van het aanmaken van associatieve verbindingen, die nodig zijn bij het consolideren van de woordenschat
- Het niveau van talenkennis kan worden ingeschat door het aantal geleerde woorden

T&P Books Publishing
www.tpbooks.com

ISBN: 978-1-78492-368-6

Dit boek is ook beschikbaar in e-boek formaat.
Gelieve www.tpbooks.com te bezoeken of de belangrijkste online boekwinkels.